Auf der Schwelle zu einem neuen Bewusstsein

Medhananda

Auf der Schwelle zu einem neuen Bewusstsein

Liberating Symbols Publishing

Erste englische Ausgabe 2000 mit dem Titel:
On the Threshold of a New Age with Medhananda.

Erste deutsche Ausgabe 2025

Deutsche Übersetzung von Rosemarie und Christoph Graf
unter Mitarbeit von Hans-R. Höhener

Titelbild: eine 1947 aus Perlmutter-Muschel von Medhananda
geschnitzte Lotosblume, siehe S. 8

Vorwort: Yvonne Artaud

Glossar: Rosemarie and Christoph Graf

Illustrationen: aus Medhananda, *Equals One-Hefte*

Ägyptische Zeichnungen: aus Medhanandas Büchern
Der Weg des Horus, Archetypen der Befreiung, Die Königliche Elle und
Das altägyptische Senet-Spiel.

Verlag: BoD · Books on Demand GmbH, Überseering 33, 22297
Hamburg, bod@bod.de
Druck: Libri Plureos GmbH, Friedensallee 273, 22763 Hamburg

ISBN: 978-3-7693-0160-1

© 2025 Liberating Symbols Publishing

www.liberating-symbols-publishing.com
www.medhananda.com

Inhaltsverzeichnis

Die Einheit des Seins

Asterix [*] im Text weisen auf Erläuterungen im Glossar hin.
*Kursiv geschriebene Texte sind Beifügungen von Yvonne Artaud
(oder Medhananda).*

Die Lotosblume – das Foto auf dem Buchumschlag:

Die Lotosblume ist ein Symbol für die „ewige Neugeburt", die andauernde Erneuerung all der vielen Formen und Weisen des Seins und Bewusstseins. Sie ist das Symbol auch von Sri Aurobindo*, dessen Bücher Medhananda 1946 in Französisch-Polynesien schon zugänglich waren, und von deren Inhalt er begeistert war. Zu Ehren von Sri Aurobindo schnitzte Medhananda aus einer der großen Perlmutter-Muscheln der Südsee diesen strahlenden Lotos, der aus dem sternförmigen Ständer (ebenfalls einem Symbol für Sri Aurobindo) wie eine Flamme aufsteigt.
Sein Leuchten in Regenbogenfarben und Perlmutterglanz soll an das spirituell leuchtende Wirken von Sri Aurobindo erinnern, soll auf das neue Wahrheits-Bewusstsein hinweisen, auf das kommende neue Zeitalter.

Vorwort von Yvonne Artaud

In dem ersten Buch, *An den Ufern der Unendlichkeit*, erzählt Medhananda aus seinem Leben. Es bezaubert durch seinen Charme, seine Wärme und erzählt von dem kleinen Prinzen, der keine Angst kennt und der „ganz gleich, wohin er sich wendet, sein eigenes Licht in sich trägt", sowie vom Weisen mit einer „in sich vollkommenen Botschaft" – einer Botschaft, die sich ständig von innen her erneuert. Medhanandas Gegenwart wird zusätzlich durch mehrere Fotos evoziert, in denen sein Selbstgewahrsein wahrnehmbar wird, das er aufscheinen lässt wie einen Regenbogen ohne Anfang und Ende.

   In dem hier vorliegenden Buch *Auf der Schwelle zu einem neuen Bewusstsein* nimmt Medhananda die Rolle eines unsichtbaren Lehrers und Begleiters ein, der uns – wie auf einer inneren Leinwand – die verschiedenen *Bewusstseins-Strukturen** und *Seins-Möglichkeiten* aufzeigt, die sowohl uns als auch das Universum konstituieren. Er beginnt mit der physischen Ebene, die trotz ihrer materiellen vielgestaltigen Erscheinung auf Vibration, auf Schwingung beruht und Wellencharakter hat (wie die Quantenphysiker 1927 auf der Physiker-Konferenz in Brüssel bestätigt haben), und gelangt bis zur Identifikation mit dem Einen, in dem alles mit allem verbunden und frei von Raum und Zeit ist. Im „Reich" des Bewusstseins wird alles möglich – unter der Leitung eines unsichtbaren und geheimnisvollen Zeugen in uns (in Indien Purusha* genannt), der nur wir selbst sein können.

   Immer wieder weist Medhananda auf Sri Aurobindo* hin, der das neu sich anbahnende Bewusstsein wahrgenommen und realisiert hat. Dieses neue, *supramentale Bewusstsein** will auch in uns geweckt und verwirklicht werden, denn im Grunde ist es potenziell schon in uns und in allem enthalten: Die Evolution des Bewusstseins bedingt – so Sri Aurobindo – eine vorausgehende Involution* des Bewusstseins. Darüber spricht Medhananda gleich im zweiten Kapitel.

Medhanandas Gedanken wirken einleuchtend, klärend, man merkt, dass sie auf seinen spirituellen Erfahrungen basieren. Dabei bezieht er die großen Entdeckungen der Quantenphysiker (anfangs des 20. Jahrhunderts) oft vergleichend in seine Aussagen mit ein und zeigt auf, dass wissenschaftliche und yogische Erkenntnisse viel mehr Gemeinsames haben, als meist angenommen wird (siehe z. B. das Kapitel *Quantenphysik und Yoga*, S. 76).

Die Texte beider Bücher stammen hauptsächlich aus zwei Quellen: aus den *Tagebüchern/Notizheften* Medhanandas, sowie aus den von mir ab 1955 in Französisch aufgezeichneten *Gesprächen* mit ihm (1990 zusammengefasst unter dem Titel *Au Fil de l'Éternité*, noch nicht publiziert).

Am Schluss des Buches finden sich inspirierende, psychologisch befreiende Aphorismen von Medhananda, in den drei Kapiteln: *Medhanandas Curriculum Vitae, Bemerkungen am Rande* und *Auf dem Weg zu einer singenden Realität*.

UNSERE WELT

Die Herrlichkeit des Menschen

Und es kam eine Zeit, da der Mensch merkte,
dass er das schwächste aller Tiere war,
und er baute sich Waffen und Maschinen.
Später merkte er, dass er das dümmste unter ihnen war,
und er baute sich Computer.
Vielleicht kommt bald der Tag, an dem er auch merkt,
dass er das unterentwickeltste unter ihnen ist,
und dann wird er beginnen,
sich zu einer lebenden Seele in einer göttlichen Welt
zu entwickeln.

I

Unsere vibrierende Welt

Schwingungsphänomene und Buddha-Natur

Das Atom erscheint und verschwindet andauernd. Es ist Billionen Male pro Sekunde da, es ist aber auch Billionen Male pro Sekunde nicht da, wenn es in sein Schwingungsfeld, die Ewigkeit zurückkehrt.

Das menschliche Bewusstsein und das gesamte Universum erscheinen und verschwinden in jeder Sekunde Billionen Male.

Materieteilchen und alle Objekte sind Schwingungs-Phänomene – auch der menschliche Körper ist ein solches: Einen Augenblick lang ist er hier, im nächsten ist er nur eine Erinnerung. Es ist wie im Kino, wo voneinander getrennte Bilder den Eindruck von Kontinuität erwecken.

Man sollte fähig werden, seine Wahrnehmung unterschiedlich auszurichten und einzustellen, so dass man nach Belieben einmal in der Welt der Schwingungen, dann wieder in der Welt der Teilchen (der Partikel, Korpuskel) leben kann.

Das Elektron, von dem sich gemäß Robert Oppenheimer[1] unmöglich sagen lässt, ob es existiert oder nicht, erinnert uns an das, was Buddha über Gott sagte. Wenn sich das Elektron mit Lichtgeschwindigkeit fortbewegt, existiert die Zeit nicht für es, es ist nie gestartet und ist schon angekommen. Gleichermaßen verhält es sich mit all den Leben und Reinkarnationen, die wir

---

1. Oppenheimer Robert (1904-1967), ein US-amerikanischer theoretischer Physiker, leitete das wissenschaftliche Projekt, das die Entwicklung von Nuklearwaffen zum Ziel hatte. Er gilt als „Vater der Atombombe".

durchmachen. Wir haben immer schon existiert – irgendwo sitzend und beobachtend, was vor sich geht.

Wenn die kosmische Schlange (Symbol für unsere Wellennatur),
sich aufrecht in die unendlichen Weiten des Bewusstseins erhebt,
bist du nicht mehr im Reich der Korpuskel,
sondern in der anderen Welt:
Du bist in das Energiefeld gegangen,
das der Ursprung von allem ist.

Der Kaiser von China fragte den Mönch,
der die Botschaft des Buddha aus Indien nach China brachte:
„Was ist die heilige Lehre?"
Der Mönch erwiderte: „Offene Weite".
Alles ist weit, alle Begrenzungen lösen sich auf.
Alle Türen und Fenster sind weit offen.
Dies ist der Ausgangspunkt für jede wahre Erziehung.

In unserem gewöhnlichen Leben
sind wir alle in bestimmte Umstände eingetaucht.
Wenn du dich darüber erheben kannst,
in die Weite,
bist du in Brahman*.

Du gehst in die Welt der Schwingungen
und entdeckst, dass du selbst auch Schwingung bist.
Diese Erfahrung kann immer vertrauter werden,
bis sie fast zur Alltagserfahrung wird.

Sri Aurobindo sagt:
„Obwohl die Wissenschaft ihr eigentliches Ziel
noch nicht ins Auge gefasst hat,
ist sie doch auf dem Weg,
von dem es kein Zurück mehr gibt –
auf dem Weg, den der Vedanta*, auf einer anderen Ebene,
bereits gegangen ist."[1]

---

1. Sri Aurobindo, *The Upanishads*, SABCL (Sri Aurobindo Centenary Library) 12: 2 [*CWSA*, Bd. 18, S. 351]

Die geschlossene Schriftrolle

Die Fähigkeit eines gebildeten Ägypters,
alle Dinge, alle Wesen, alle Phänomene
als eine „geschlossene Schriftrolle" zu sehen,
ging in späteren Zeiten verloren.
Und mit diesem Verlust fiel ein ganzer Teil unseres Gehirns
in eine Art Schlaf.
Alles hatte im alten Ägypten zwei Aspekte:
Es gab die oberflächliche, korpuskulare Erscheinung,
und den verborgenen vibrierenden Ursprung
– das Schwingungsfeld –
mit seiner eigenen Energie und schöpferischen Absicht.
So hatte auch jedes Wort der Hieroglyphenschrift
zwei Bedeutungen:
eine wörtliche, dingliche, phonetische,
die gelesen werden konnte und für jeden hörbar war,
und eine geheime, mit einer verborgenen Auslegung,
die als individuelle Übung der Identifikation diente,
mit der Intention, Erleuchtung zu bringen.
Zum Beispiel stellte die Hieroglyphe für Korb,
die „alles", „alles enthaltend" bedeutete,
ein zweifaches Universum dar.

Es gab den Korb mit dem Geier (Mut) –
Symbol für das materielle Universum,
das seine Kinder dauernd verschlingt
und wieder neu gebiert –,
und es gab den Korb mit der Schlange (Uräus) –
Symbol für die Energie (Schwingung, Vibration),
die das Universum belebt.

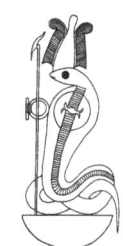

Beide Körbe, nebeneinander gestellt,
waren Teil eines der fünf Namen,
die jeder Pharao hatte.

Um ständig in Verbindung mit seiner
schöpferischen Polarität zu bleiben,
trug der Pharao einen Tierschwanz,
der ihn an seine korpuskulare Evolution erinnerte,
während über seiner Stirn
die sich erhebende Schlange stand,
das lebendige Symbol
seiner fundamentalen, vibrierenden Natur.

Einige seiner Namen
standen für beide Aspekte,
wie zum Beispiel:
„Bewusstes vibrierendes Gefäß
der zwei Wirklichkeiten".

Diese polare, komplementäre Sicht des Universums
war dem ägyptischen Weisen stets gegenwärtig.
Das Wissen, dass jede Hieroglyphe
eine geheime Bedeutung besaß,
blieb auch durch die dunklen Zeitalter hindurch erhalten.
Abergläubische Interpretationen verhinderten jedoch,
dass ihre zweifache Wahrheit hervorkommen konnte.
Der Schleier wurde erst gelüftet, als die Quantenphysiker*
die Wellen-Realität aller Dinge wiederentdeckten (um 1927 herum).
Trotz dieser neuen großartigen Erkenntnis
blieb die Kultur des 20. Jahrhunderts –
die Theologie, Philosophie, Erziehung und Psychologie –
immer noch korpuskular, reduktionistisch und materialistisch.

Wie groß der von der Unwissenheit kommende Widerstand
auch sein mag,

eine Schriftrolle ist dazu da, entrollt zu werden,
und ihre evolutionäre Entfaltung hat bereits begonnen.

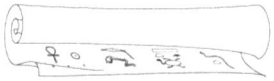

Vorbereitende Herabkünfte und wie sie geschehen

Um das Jahr 600 v. Chr. fand eine große Veränderung im menschlichen Bewusstsein statt, die nur mit einer geistigen Herabkunft erklärt werden kann. In jener Zeitepoche wurde auf der ganzen Welt – in verschiedenen Ländern, mit unterschiedlichen Eigenschaften und Nuancen – der logische Denker möglich. Es war eine Herabkunft in das Mental.

In Ländern wie Ägypten und Chaldäa, die damals bereits zu sehr „kristallisiert" waren, konnte diese Herabkunft nicht erfolgen, jene Zivilisationen verschwanden; in flexibleren und formbareren Kulturen (wie z. B. Griechenland) fand sie jedoch statt und etablierte sich danach rasch.

Vor dieser Wendezeit berührte das Eine* die Weisen und Seher (z. B. die indischen Rishis) nur im Samadhi*, in ihren Intuitionen, in der Wirklichkeit ihrer Visionen.

In der darauffolgenden Ära aber wurde das *Mental* des Menschen „erleuchtet". Es brachte Persönlichkeiten hervor wie Sokrates, Laotse, Patanjali oder Buddha.

Sechshundert Jahre später kam es zu einer weiteren Herabkunft in der Person von Christus. Dieses Mal manifestierte sich die *Liebe*. Vorher wäre niemand auch nur auf den Gedanken gekommen, dass es möglich sei, das Eine zu lieben. Dies erforderte jedoch eine lange Zeit der Integration.

Als Nächstes wurde mit den Mystikern des Mittelalters das *Vitale* berührt, dies blieb jedoch eine eher schwierige Angelegenheit.

Seit Beginn des 20. Jahrhunderts wird das *Physische* von einer Herabkunft berührt. Dies macht sich vor allem bemerkbar in einer Befreiung von der nur dinglichen (korpuskularen) Auffassung der Materie, in dem Sinne, dass sie nun als das aufgefasst wird, was sie in Wirklichkeit schon immer war: Schwingung, Welle, Vibration. Wird dies erkannt, lösen sich alle damit verbundenen Vorstellungen und Auffassungen von Trennung auf.

In Albert Einsteins berühmter Formel*, die da lautet: $E = mc^2$ (wobei c die Lichtgeschwindigkeit bedeutet, die nicht überschritten werden kann), steht c^2 (die Lichtgeschwindigkeit im Quadrat) für die Transzendenz über jegliche Materialität hinaus.[1]

Es ist die Vereinigung von Geist und Materie. Nun ist es möglich, mit dem *integralen Yoga Sri Aurobindos** zu beginnen. Die Möglichkeiten haben immer schon existiert. Aber Bewusstsein ist etwas sich Entwickelndes, in dem Sinne, dass stets neue Aspekte der Wirklichkeit im Universum manifestiert werden können. Von dem Moment an, wo etwas Neues in die Erdatmosphäre hereinkommt, wird es an sich zugänglich für jeden Menschen. Aber zuerst muss einer kommen und die neue Wirklichkeit wahrnehmen, sie in sich selbst herabbringen und auch in jene Menschen um ihn herum, die dafür empfänglich sind; dadurch wird sie dann langsam auch der gesamten Menschheit zugänglich.

Zu Beginn des Humanisierungsprozesses war das menschliche Bewusstsein sozusagen „flach". Allmählich wurde es reicher und komplexer. Die Farben zum Beispiel existierten für den Menschen am Anfang nicht – und dann sah jemand eines Tages plötzlich bewusst die Farbe Rot. Diese Erfahrung ermöglichte anderen Leuten, sie auch zu sehen, und schließlich wurde sie von allen wahrgenommen.

Mit dem von Sri Aurobindo angekündigten *supramentalen Bewusstsein** wird es dasselbe sein. Da dieses aber nicht ein mentales Bewusstsein ist, sind Kinder möglicherweise die Ersten, die

---

1. $E = mc^2$: E = Energie, m = Masse, c^2 = Lichtgeschwindigkeit im Quadrat. Masse/Materie, die mit Lichtgeschwindigkeit im Quadrat multipliziert wird, ist reine Energie.

es wahrnehmen werden, während die Erwachsenen mit ihren vorgefassten Meinungen und fixen Ideen der Manifestation des neuen Bewusstseins wohl eher im Wege stehen werden.

II

Involution und Evolution

Involution und Werden

Wir alle sind „involvierte" Wesen; das höchste Bewusstsein ist in uns wie eingerollt, eingehüllt, in unserem kleinen Körper. Wir sind nur auf einen Teil von uns selbst konzentriert, statt in den Weiten des unbegrenzten Bewusstseins zu leben.

Im Westen denkt man, dass die Materie das Leben aus sich selbst heraus erzeugte, und dass das Leben wiederum das Denken aus sich heraus ermöglichte. Die mentalen Fähigkeiten werden also als das Ergebnis der Evolution der Materie gesehen. Die Hindus hingegen sind der Auffassung, dass sich das höchste Bewusstsein* zuerst in die Materie involviert hat, dass es also potenziell in ihr anwesend ist, und nicht umgekehrt, dass die Materie es erzeugt hat. Sri Aurobindo hat in seinen Werken immer wieder auf die Bedeutung der Involution* hingewiesen und die Unzulänglichkeit der materialistischen Theorien über die Evolution des Universums dargelegt.

Die erste Bewegung des Involvierens ist das Formieren kosmischer Kräfte – das, was wir mit „Götter" bezeichnen, das heißt, die Formung der *übermentalen [overmental] Welt*.

Diese kosmischen Prinzipien („Götter") wiederum involvieren ihre Kräfte und erschaffen das, was man die „Substanz" des kosmischen *Mentals* nennen könnte.

Das *Mental* involviert sich wiederum in das *Leben* (in das vitale Bewusstsein), und dieses involviert sich in das *Subtil-Physische**, und dann in das *Physische,* in das, was wir *Materie* nennen. So gesehen ist die Materie einfach eine involvierte Form des höchsten Bewusstseins[1] und bildet den Ausgangspunkt für den langen Prozess der Evolution.

Bei der Evolution sprechen wir der Einfachheit halber von Stufen. Es sind einfach verschiedene Bereiche der Manifestation, verschiedene Bewusstseins-Strukturen* oder -Frequenzen, verschiedene Qualitäten von Vibrationen, die wir um uns und in uns wahrnehmen können.

Wenn die Leute die Evolution der verschiedenen Bewusstseinswelten nicht kennen, so deshalb, weil sie sie nicht kennen wollen, weil es sie nicht interessiert. Es ist aber unser Geburtsrecht, sie zu kennen, denn unser Wesen nimmt an all diesen Welten teil. Sie sind nicht außerhalb von uns, sind nichts Fremdes. Ein Wesensteil von uns nimmt an der materiellen Welt teil, ein anderer an der vitalen Welt, ein anderer an der mentalen Welt, ein anderer an der übermentalen Welt. Und ein Teil von uns ruht andauernd im Einen, im Einssein* mit allem. Nur weil wir alle so „zusammengerollt", auf unseren Körper fokussiert sind, erkennen wir diese verschiedenen Bewusstseins-Strukturen in uns nicht. Zudem sind sie alle miteinander vermischt. Diese Vermischungen müssen entwirrt werden, müssen uns bewusst werden.

Nur in der materiellen Welt sind die Körper so sehr voneinander getrennt. In der subtil-physischen Welt ist das schon anders, die Türen sind weit offen. Subtile Bewegungen spielen da, als wären sie in der Ewigkeit, einer Ewigkeit, die zwar nicht viel Spielraum bietet, in der aber jegliche Feindseligkeit abwesend ist. Sie ist harmonisch und voller Licht. Da ist z. B. der Wassertropfen, der aus einem Hahn tropft: die Gestalt, die er annimmt,

---

1. zu *höchstes Bewusstsein, übermentale Welt, Mental, Leben* (vitales Bewusstsein), *Subtil-Physisches* und *Physisches* siehe im Glossar unter Bewusstsein / Bewusstseins-Strukturen.

der Rhythmus seines Falls, das Geräusch, das er macht, das alles gehört zum Reich des Subtil-Physischen. Es ist ein bisschen wie ein schlafendes Kind, das in seinem Schlaf ständig die gleichen Bewegungen macht.

Von meiner Erfahrung mit dem Wasserfall habe ich dir ja schon einmal erzählt: Plötzlich wirst du zum Wasser des Baches, bist identisch mit einem Wassertropfen inmitten vieler Geschwister-Wassertropfen, die mit dir spielen und dich schubsen. Es muss möglich sein, dieselbe Erfahrung mit dem Schnee und seiner Botschaft des Lichts zu machen, oder mit dem Wind. Auch Wolken schweben in einem subtil-physischen Reich. Ist man in diesem Bewusstseinszustand, wird alles zu einer Erfahrung von Schwingung, Musik – z. B. eine Treppe hinunterzugehen, wird zu einer Musik-Erfahrung.

In der vitalen Welt wiederum gibt es noch viel weniger Trennung; es ist wie ein Aquarium, wie eine große Suppe, in der die Wesen vermischt und undeutlich sind. Dort besteht eine der Spielformen darin, dass z. B. die Gazelle sich in einen Löwen verwandelt. Diese vitale Welt bleibt harmonisch, solange kein menschliches Wesen, und sei es noch so wohlwollend, dazwischentritt und dem Vital sein Mental aufzwingt, ein Mental, das nicht fähig ist, das Vitale unter seine Kontrolle zu bringen. Allein das supramentale Bewusstsein* (Sri Aurobindo nennt es auch das Wahrheits-Bewusstsein) hätte die Macht, hier zu intervenieren.

Evolution ist ein immer wieder neues Zusammenbrauen aller Elemente, eine andauernde Umformung, um die Materie zu verfeinern und anpassungsfähiger zu machen. Sie ist ein kollektives Voranschreiten. Unser Fortschreiten ist langsam. Sri Aurobindo hat das erklärt. Es sind hin und her schwankende Bewegungen zwischen verschiedenen Ebenen unseres Seins. Was uns zu einem intensiveren, höheren Bewusstsein vorantreibt, nennen wir Evolution, Höherentwicklung oder Yoga. Was uns aber zu dem Unbewussten zieht, nennen wir „eine feindliche Kraft"; im Grunde ist es die gleiche Kraft.

Die Dinge ändern sich unter Druck. Ansonsten würden wir Menschen einschlafen. Während Kriegen macht die Menschheit große Fortschritte. Sie kommt mit Riesenschritten voran. Man hat ausgerechnet, dass seit Beginn der historischen Epoche vielleicht nur dreihundert Jahre lang Frieden herrschte; in der ganzen übrigen Zeit war Krieg.

Das Kommen eines Avatars dient grundsätzlich dazu, Katastrophen vermeiden zu helfen. Er könnte die Dinge natürlich auch einfach sich selbst überlassen, auf dass sie noch ein wenig mehr durchgeknetet und unter Druck gesetzt werden.

Alle Dinge sind in sich sowohl gut als auch schlecht. Der Schlaf z. B. kann ein Fallen ins Unterbewusste sein, er kann aber auch Schutz und Quelle der Erneuerung und Inspiration sein. Der Tod kann ein bewusster Übergang sein von einem Körper zu einem andern, bzw. von dieser Welt zu einer anderen – dann ist es kein Tod mehr.

Ich denke, dass da nicht eine einzige Kraft in der Welt ist, die nicht verändert werden könnte. Manchmal genügt schon eine einfache Änderung der Orientierung.

Würde das Göttliche mit ganzer Macht und Kraft handeln, wäre alles sofort getan, das ist offensichtlich. Es gibt viele Welten, die vollkommen sind. In der Unendlichkeit braucht es aber die Möglichkeit, dass eine von ihnen es nicht ist. Was wäre eine Nahrung, die immer optimal schmeckt, eine Welt, in welcher der kleinste Wunsch sich augenblicklich erfüllt? Irgendwo in uns gibt es diese Tendenz zum Dunklen hin, zum Unmöglichen, zum Unbewussten. Als der erste Stern geboren war, welch eine Freude war das, dieser Sieg über die Finsternis! Heute aber gibt es so viele Sterne, dass wir den Triumph, den sie darstellen, nicht mehr sehen.

Der Mensch

Eigentlich stammt der Mensch nicht wirklich vom Tier ab. Das junge Tier treibt seine Entwicklung in der Weise voran, dass es möglichst schnell die Eigenschaften des erwachsenen Tieres erlangt. Der Mensch aber hat sein Potenzial noch lange nicht ausgeschöpft. Er ist sozusagen immer noch in seinem embryonalen Zustand, der wahre Mensch ist noch gar nicht da. Das ist der Grund, warum nichts wirklich Charakteristisches an ihm ist. Und deshalb bleibt er so flexibel, deshalb ist seine Entwicklung noch so offen.

Was wir Zivilisation nennen, ist lediglich die Notwendigkeit, Kleider zu weben, Häuser zu bauen, Werkzeuge und Waffen herzustellen. Es ist die große Verwundbarkeit und Schutzbedürftigkeit, die es dem Menschen ermöglichte, sich höher zu entwickeln. Deshalb verfährt die Natur auch am härtesten mit ihm. Er ist das am meisten gequälte Wesen, aber so wird er gezwungen, seinen geistigen Auftrag zu verwirklichen: sich selbst zu bauen, sich zu erschaffen – wenn er dabei auch nur sehr langsam vorankommt.

Jeder Moment ist eine neue Geburt, ohne dass die bereits gesammelten inneren Schätze, die spirituellen Eroberungen, dabei verloren gehen müssen. Rassen oder Spezies mögen verschwinden, aber nicht, ohne ihre genetischen Eroberungen an andere Lebensformen weitergegeben zu haben.

Die spirituelle Bedeutung der Evolution

Die Idee von einer Evolution kam erst im 19. Jahrhundert auf. Vor dieser Zeit existierte zwar etwas Ähnliches im esoterischen Wissen, aber sonst herrschte die Auffassung, dass es verschiedene Zeitalter oder Äonen gab, ohne Verbindungen zueinander. Man sprach von „Schöpfung" und nicht von „Manifestation".

Sri Aurobindo war der Erste, der die Bedeutung einer spirituellen Evolution des Bewusstseins ins Licht rückte und diese mit der materiellen, physischen Evolution in Verbindung brachte.

Das Problem ist, einen Körper zu finden, der diesen großen kosmischen Kräften der Evolution, ihrem Druck und ihrem Feuer standhalten kann. Es gibt Körper, die sogleich zu vibrieren beginnen, sie sind ganz Schwingung; wenn sie aber *zu* empfindsam sind, zerbrechen sie. Es ist wie in einem Labor mit Mäusen: Ein Tropfen zu viel, und das „Instrument" wird zerstört. Handelt es sich andererseits um einen sehr robusten Körper, kann es schwierig sein, ihn in Schwingung zu versetzen; die Resonanz fehlt dann.

Wenn unser Körper aber genügend vorbereitet ist, und wir Erleuchtung erfahren, ist es wunderbar, wahrzunehmen, dass auch die ganze Vergangenheit daran teilnimmt und ihre wahre Bedeutung enthüllt, und dass dadurch Hunderte und Tausende von Leben mit Erfüllung gekrönt werden. Die Aspiration ist das einzige uns gegebene Instrument auf dem Pfad der Verwirklichung.

Das Universum wird wirklicher

Mit jedem Schritt in der Evolution wird das Universum wirklicher. Es ist das Licht, die Qualität des Bewusstseins, mit dem wir es wahrnehmen, die ihm seine Realität gibt. Der Raum hätte überhaupt keine Wirklichkeit, wenn es darin keine Sterne gäbe; je mehr es davon gibt, desto wirklicher ist er.

Evolution hat einen rückwirkenden Effekt: Es geschieht erst durch das Aufwachen am Morgen, dass die vorangehende Nacht „wirklich" wird. Erst mit dem Erwachen erhält der Traum seine volle Bedeutung. Erst wenn ein Mensch seine Göttlichkeit realisiert, nimmt seine ganze Vergangenheit ihre wahre Bedeutung an und wird „wirklich"; in der Aufeinanderfolge der Leben und Wiedergeburten erlangen alle seine tierischen und menschlichen Vorfahren, all jene, die auf die Realisierung des Göttlichen zuschritten, ihre Erfüllung und werden dadurch erst „wirklich". Und dies ist die Bedeutung des Avatars: Wenn er vollbringt, wozu er gekommen ist, gewinnt das Leben auf der ganzen Erde einen neuen, reicheren und weiteren Sinn.

Vollkommenheit

Die Musik begann mit einem einzelnen Ton, dann kam ein zweiter dazu, dann wurde es ein Akkord, dann ein noch größerer Akkord – man stelle sich die unendlichen Kombinationen vor, die jedes Mal möglich werden, wenn etwas Neues hinzugefügt wird.

Das Leben begann mit einer kleinen Zelle, die in sich bereits vollkommen war. Jedes Ding ist in sich vollkommen. Was zunimmt, ist die Komplexität und die Subtilität. Die kleine Zelle war sogar – vom Überlebensstandpunkt aus gesehen – dem Menschen überlegen: Sie war besser an ihre Umgebung angepasst und praktisch unsterblich. Trotz ihrer Vollkommenheit barg sie, organisch gesehen, in sich das Potenzial der Komplexität, und damit das einer noch größeren Vollkommenheit.

Den Möglichkeiten der Manifestation sind keine Grenzen gesetzt – selbst physisch gesehen. Solange nur ein Teil unseres komplexen Seins die Seligkeit, Ananda*, kennt, wird das nicht genug sein. Stell dir vor, alle Zellen deines Körpers könnten voller Leben, Bewusstsein und Seligkeit vibrieren; und wenn sich solche Körper begegneten, was wäre das doch für ein wunderbares Ballet!

Wenn das ganze Universum, vom winzigen Schneekristall bis zum unermesslichen interstellaren Raum der Ausdruck dieses Bewusstseins, dieser Seligkeit sein wird, werden wir sagen können, dass dieses Universum eine Vollkommenheit ist – obwohl in der Manifestation jegliche Vollkommenheit relativ ist. Absolute Vollkommenheit gibt es nur im Nicht-Manifestierten.

Sri Aurobindo hat die Tür zu all diesen Möglichkeiten geöffnet. Als der Erste, der die Idee einer *Evolution des Bewusstseins* wahrgenommen hat, gab er dem Universum einen Sinn. Und indem er ihm einen Sinn gab, verlieh er ihm mehr Wirklichkeit. Durch das neue Bewusstsein wird die Welt zu einer Welt der Wahrheit.

III

Die Manifestation

Diese verbotene Welt

Diese ganze Welt ist – laut Bibel[1] – verboten. Es ist klar, dass sie das nur umso interessanter macht. Es scheint, dass wir durch das Essen des Apfels sterblich geworden sind. Doch dies ist eine falsche Idee, denn der Baum des Lebens und der Baum der Erkenntnis ist derselbe, und der Apfel ist das Symbol für Unsterblichkeit und Seligkeit.

Im Paradies hat man keinen physischen Körper. Man ist völlig nackt – das heißt, man ist reine Welle, Schwingung, Energie. Diese Energie aber vermag immer wieder Korpuskel zu projizieren und sich neu mit einem Körper zu bekleiden und sich sogar zu vervielfältigen. Der Apfel gibt das Wissen, warum man sich bekleidet, und wie man sich an- und auszieht (inkarniert und „exkarniert"). Die Tierhaut, die die Elohim (die Energien) jenem geben, der den Apfel isst, und welche es ihm ermöglicht, sich auf der Erde zu bewegen, ist nicht der unsterbliche Teil von uns. Unsterblich ist die Energie, die Schwingung, die nackt im Paradies war und den Apfel (die Seligkeit) genoss. Die Tierhaut jedoch, unser physischer Körper, muss ständig ausgewechselt werden, so wie man ein frisches Hemd anzieht.

Dieser physische Körper ist kleiner und dichter als unsere nackte, paradiesische Energie-„Form". Ersterer kann mit seiner

---

1. vgl. Bibel, Das erste Buch Mose, Genesis 2, 16-17 und 3, 1-24

ihn ursprünglich erzeugenden Energie eine bewusste Verbindung aufrechterhalten. Wenn man das vergisst, glaubt man, sterblich zu sein.

Den menschlichen Wesen sollte man zugutehalten, dass sie die verbotene Tat begingen, um einen Körper anzunehmen. Dann aber sind sie überrascht von der Auswirkung, welche die biologische Zeit auf diesen Körper ausübt und vergessen ganz, dass er von Zeit zu Zeit ausgewechselt werden muss.

Die vier Talismane

Es war einmal vor langer Zeit =
eigentlich *vor* aller Zeit –
eine Welle von reiner Energie.
Sie war, was die Wissenschaftler eine Singularität nennen.
Diese Energie war rein, weil sie nur sich selbst kannte,
denn es gab keine andere Welle,
sie war alles
und füllte, was wir heute Raum und Zeit nennen,
mit sich und ihrer Seligkeit.
Dann geschah, was die Wissenschaftler „Big Bang"
(und die Menschen jeden Morgen „Aufwachen") nennen:
Die Energie-Welle projizierte
unzählige Teilchen und Körper aus sich heraus.
Der normale Mensch beschränkt sich auf einen Körper,
aber die Welle hat nie aufgehört,
Korpuskel aus sich heraus zu projizieren,
wie wir das mit Teleskopen oder
in Teilchenbeschleunigern
immer noch beobachten können.

Dies war der erste Talisman,
ein Talisman, der das war,
was die Welle aus sich selbst projizierte:

ein Partikel, Korpuskel oder eine komplexere Verkörperung.

Der zweite Talisman war ein Molekül;
ein Kohlenstoffring, der die wunderbare Fähigkeit hatte,
sich selbst als Leben zu vervielfältigen,
sich „ad infinitum" fortzupflanzen,
was räumlich einige Probleme ergab.

Der dritte Talisman war ein eingraviertes Zeichen,
ein Ideogramm, ein Symbolbild, dazu bestimmt,
sich im Mental des Betrachters zu reproduzieren
und dessen Gedanken-Räume mit seiner Souveränität zu füllen.

Der ultimative Talisman ist wieder
reine Energie – Bewusstseins-Energie –
(man erinnere sich an den „Big Bang").
Sie kann sich jetzt im Bruchteil einer Sekunde wahrnehmen
als das Eine,
die eine Singularität,
eine einzige Welle des Selbst-Gewahrseins,
die sich – wie in einem Spiegel betrachtend –
in unzählige Selbst-Wahrnehmungen projiziert sieht,
ohne Ende, ewig.

Das Universum in verschiedenen Maßstäben sehen

Es mag ein Pralaya[1] für die Erde, das Sonnensystem, die Galaxie
oder eine Reihe von Galaxien geben. Aber sie finden nicht alle
zur gleichen Zeit statt. Die Manifestation als solche hat keinen
Anfang und kein Ende; wir nehmen aber nur einen winzigen Teil
davon wahr.

----

1. Pralaya ist das Sanskrit-Wort für Auflösung, Resorption, Zerstörung, Vernichtung, Tod.

Die Wahrnehmung des Menschen ist beschränkt auf einen sehr kleinen Schwingungsbereich. Zum Beispiel gibt es immense Rhythmen, in denen eine einzelne Wellenbewegung zweitausend Jahre dauert. Man müsste zweitausend Jahre lang leben, um sie wahrnehmen zu können. Unseren physischen Augen erscheinen die Sterne wie Lichtpunkte. Aber stellen wir uns vor, die gesamte Oberfläche unseres Körpers wäre Auge – wir würden tausendmal mehr sehen können als jetzt. Das gibt uns eine Ahnung von dem, was die Erde wahrnimmt.

Unsere Mutter Erde ist sich nicht nur ihrer selbst bewusst, sondern auch all der Dinge um sie herum, insbesondere der Sonne – in deren Licht sie badet und aus der sie ihre Kraft bezieht –, und auch all der übrigen Sterne. Diese sind für die Erde viel näher und heller als für uns, da ist keine Distanz. Sie erlebt die Anziehungskraft jedes Sterns wie eine Liebkosung, in ihrem ganzen Körper, nicht nur an der Oberfläche. Dies nennen wir Gravitation, Schwerkraft: Millionen von „Streicheleinheiten", die aus allen Richtungen kommen.

Die Sonne ist sich ihrer selbst bewusst, sie nimmt aber auch das ganze Sonnensystem wahr (nicht als von ihr verschieden, sondern als sich selbst), und auch die gesamte Galaxie, die sie in ihrem Feld mitträgt. Die Galaxie und auch die Metagalaxien sind ihr stets gegenwärtig.

Dies sind lauter Bewusstseins-Grade, verschiedene Intensitäten von Bewusstsein, die immer weiter und weiter, höher und höher gehen. Es ist dieselbe „Stimme" (Schwingung), *eine* und *viele* zugleich, die, sich wiederholend, auf allen Oktaven der Manifestation singt.

Sogar die Planeten, die uns tot erscheinen, haben ein extrem intensives Leben; unser Körper wäre nicht fähig, dies auszuhalten. Das Feuer der Sterne, der Sonnen, ist ein Zustand der extremen Erregung und Bewegung der Materie. Unsere kleinen menschlichen Orgasmen dauern nur ein paar Sekunden oder Minuten; aber der Orgasmus eines Sterns dauert Millionen Jahre.

Ich spreche hier nicht von der supramentalen Welt, sondern von der Welt der Himmelskörper.

Das Goldene Zeitalter

Der in Sizilien lebende Pythagoras lehrte unter anderem, dass es ein Goldenes Zeitalter gegeben habe. Er hörte davon, als er in Ägypten studierte, und machte diese Lehre zu seiner eigenen. Die Existenz eines „Goldenen Zeitalters" war Teil der ägyptischen Kultur, war eine Art und Weise, ihre Herkunft zu erklären.

Es wurde gesagt, dass es in archaischen, prädynastischen Zeiten – also schon vor dem ersten Pharao der 1. Dynastie, vor etwa 5000 Jahren – göttliche Pharaonen und göttliche Dynastien gegeben habe: die Dynastie von PTAH, die Dynastie von RE, die Dynastie von OSIRIS und ISIS, die Dynastie von SETH etc. Und von jeder dieser Dynastien konnte gesagt werden, wie lange sie gedauert hatte. Die Dynastie von PTAH zum Beispiel soll, gemäß einer griechischen Liste, ganze 9000 Jahre gedauert haben.

Die Annahme, dass es einst ein seliges *Goldenes Zeitalter** freudiger Erfüllung gab, gibt es in vielen alten Kulturen. In Indien sagt man, dass das Satya-Yuga, das Zeitalter des Goldenen Wissens und der Wahrheit, zu einem Zyklus gehöre, der sich wiederholt: Es existierte in der Vergangenheit, und es wird auch in der Zukunft wieder ein Satya-Yuga geben.

In Ägypten gehörte es zum inneren Programm des Pharaos, sein Sein in ein „goldenes" Sein zu verwandeln. Das konnte er durch yogische, psychologische Spiele und Übungen erreichen (z. B. durch das Senet-Spiel), wodurch er schließlich zum *Goldenen Horus** wurde.

Im Gegensatz zur Schule des Pythagoras erklärte eine andere griechische Tradition, diejenige des Demokrit, dass das Leben der Menschen in der Vorzeit kurz, brutal und hässlich gewesen sei. Aus diesen barbarischen Anfängen würde sich die Menschheit stetig höher entwickeln. Eine solche lineare Höherentwicklung ist aber nicht offenkundig: Wie weit haben wir uns denn seit der Zeit Demokrits höher entwickelt? Ein rhythmisches Auf und Ab entspricht eher dem Wesen der Natur[1]. Es gab Eiszeiten und Zwischen-Eiszeiten. Es sind Blütenpflanzen und Schmetterlinge gekommen und gegangen. Viele sind aber auch geblieben. Vielleicht hat in ähnlicher Weise jedes Goldene Zeitalter bei seinem Verschwinden so etwas wie eine goldene Ablagerung zurückgelassen, auf dass zukünftige Generationen davon träumen können?

Wenn Galaxien sich begegnen

Radio-Astronomen haben vor einigen Jahren mit untereinander verbundenen Radio-Teleskopen ein außergewöhnliches Signal empfangen – niemand wusste, von wo oder von was es herrührte. Schließlich entdeckte man dessen Ausgangspunkt an der Grenze des sichtbaren Bereichs, Milliarden von Lichtjahren entfernt: Zwei Galaxien begegneten sich dort und verschmolzen miteinander. Dies erzeugte dieses gigantische Signal.

Was für eine Begegnung musste das wohl sein: Milliarden Sterne in der einen Galaxie, und Milliarden Sterne in der anderen Galaxie, die einander begegnen und liebkosen – und dies während Jahrmillionen!

In der griechischen Mythologie wird erzählt, dass die Hochzeitsnacht von Zeus und Hera (die Einswerdung von Himmel und Erde) länger als einen Monat gedauert habe. Aber was ist das schon im Vergleich zur Begegnung dieser zwei Galaxien!

---

1. Vgl. dazu auch die Ausführungen Sri Aurobindos in seinem Buch *Der Zyklus der menschlichen Entwicklung*.

Ein Fuß im Werden, der andere im Sein

Wenn man ägyptische Statuen von stehenden Pharaonen betrachtet, fällt einem auf, dass bei jeder der eine Fuß nach vorne versetzt ist – der Fuß des *Werdens*, des *Fortschritts*. Der Schwerpunkt aber liegt auf dem Fuß dahinter, dem Fuß des *Seins*, dem Fundament der *Seligkeit*. Die Welt ist nur zu ertragen, wenn man einen Fuß in der Seligkeit hat – was allerdings nicht immer gelingt.

Seligkeit – das Sanskritwort dafür ist Ananda* – ist wie ein feuriges Glühen; es ist ein Bewusstsein, das keine Trennung, keine Dualität kennt und keine Schöpfung benötigt. Ananda *ist* solch eine Fülle, dass darin nichts Anderes ist – es braucht weder Bewusstseinsbewegung, noch Spiel, Traum oder sonst etwas.

Damit etwas überhaupt *werden* kann, braucht es eine Trennung, einen gewissen Abstand, um es sehen zu können, eine Perspektive, eine Begrenzung des Raumes und der Zeit. Das ist das Opfer des Göttlichen, wenn es sich in die Materie involviert.

Aber wenn man das kleinste Ding von allen Seiten betrachtet, von außen und von innen und in der Ewigkeit (über die Zeit hinaus), was bleibt dann ungesehen? Es ist in sich selbst solch ein Reichtum, solch eine Fülle, dass man nur diese sehen kann. Es ist ein Darüber-hinausgehen in den Bewusstseinszustand des Ananda, des feurigen Glühens.

Und doch gibt es keine offensichtliche Verbindung, keine Brücke zwischen den beiden „Königreichen", dem einen des absoluten *Seins* (des Anandas) und dem anderen des *Werdens* (des Fortschritts), d. h. des getrennten Seins eines jeden Dinges.

Wir sind ständig zu sehr in dem einen oder zu sehr in dem anderen Zustand, so dass der jeweils andere Seinsbereich weit weg scheint, als ob es ihn nicht gäbe.

Doch nun ermöglicht das neue Bewusstsein, das Sri Aurobindo und die Mutter* auf die Erde herabgebracht haben, gleichzeitig einen Fuß in der Transzendenz (Sein) und den anderen in der Manifestation (Werden) zu haben. Aber es ist schwierig, diese Art der Navigation zu lernen. Man fühlt sich hin- und hergezogen, ja hin- und hergerissen.

Und das bringt uns zum Problem der Beziehung zwischen dem Ananda und dem Leiden. Wenn wir in Ananda sind, ist das Leiden für uns unbegreifbar, ist wie ein schlechter Scherz. Wenn wir aber in die Trennung hineingezogen werden (die letztlich Leiden bedeutet), ist Ananda für uns unbegreifbar.

Vergleicht man aber die beiden – die *Oberflächlichkeit* der Trennung mit der fundamentalen *Tiefe* des Ananda –, kann man eine Parallele ziehen zur Oberflächlichkeit der Lüge und der Tiefe der Wahrheit.

Der Zustand, in dem wir uns getrennt fühlen, ist eine Falschheit, Lüge, und obwohl Trennung tief gehen und schmerzhaft sein kann, muss sie als ein oberflächlicher und vorübergehender Seinszustand gesehen werden, wie ein Tropfen Gift, der sich auflöst im ewigen Ozean der Seligkeit des anderen Seins-Zustandes.

Unserem analytischen Verstand wurde das Schwert der Unterscheidung (der Diskrimination) als Instrument gegeben, um damit wieder die Einheit des Seins hinter den trügerischen Trennungs-Erscheinungen zu entdecken, und nicht, um nur alles in Teile zu schneiden und sich dadurch immer mehr von der Einheit des Seins zu entfernen.

Schließlich zeigt es sich, dass das Leiden ein Mangel an Kommunikation zwischen unseren verschiedenen Bewusstseinsebenen (unserer physischen, vitalen, mentalen, übermentalen, supramentalen Ebene) ist. Für einen Yogi ist jedoch die Sprache, mit der das supramentale Bewusstsein sein Signal an die anderen Bewusstseinsebenen sendet, verständlich – so wie es bei Sri Aurobindo war, als er auf einen Skorpion trat[1].

---

1. Sri Aurobindo trat einmal aus Versehen auf einen Skorpion und wurde gestochen, was ja bekanntlich große Schmerzen bereitet. Er war fähig, diese Schmerzen in Seligkeit umzuwandeln.

Wer ist der Chef?

Während langer Zeit schauten wir zur Erde und zum Himmel und fragten uns: Es muss doch gewiss eine Autorität geben, wer ist da der Chef?

Danach lernten wir, in uns selbst hineinzuschauen, und indem wir dieselbe Frage wiederholten, entdeckten wir in uns seelische Kräfte, Archetypen, Totemtiere, Neteru*. Wenn wir uns dieser Kräfte bewusst werden und sie sorgfältig und liebevoll in uns „sammeln", wird es möglich, wieder das Paradies zu betreten, wo der Mensch mit seinen Seelenkräfte eins ist. Dieses integrale Einssein ist der „Chef".

Doch auch jede Kraft, jeder Archetyp für sich muss ein Angesicht haben. Was ist das Angesicht der Liebe oder der Geduld oder das der Wut oder das der Aspiration, was ist das Gesicht hinter unseren so zahlreichen verschiedenen Gesichtern?

Wenn wir sie alle in uns beobachten und sie sorgfältig und liebevoll einsammeln und um unser Zentrum binden und vereinen, nehmen wir schließlich das Angesicht des „Königs" wahr: das geheime Miteinander und Einssein der Vielen in uns – unser wahres Selbst.

Der Weg dahin ist nicht einfach. Wenn wir eines unserer Gesichter sehen, sind wir versucht zu sagen: „Nein, das bin nicht ich." Aber diese Haltung versperrt uns den Zugang zu der Lösung. Nur indem wir alle unsere Archetypen, alle unsere Gesichter, die schönen und die schrecklichen, die einladenden und die abstoßenden, die alten und die neuen, in ein einziges allumfassendes, harmonisches, triumphierendes Einssein integrieren – ein sichtbares als auch unsichtbares, ein ersehntes und zugleich unerwartetes –, können wir erkennen, dass dieses allumfassende *Einssein* der Chef, der König, die Seele, das geheime Antlitz sowohl des Moleküls, der Galaxie als auch des Menschen ist.

Die gerade Linie verläuft in einem Kreis

Langeweile ist wie ein großes Hindernis. Der Mensch muss irgendwohin gehen können, sein Denken muss sich von einem Punkt zu einem anderen bewegen. Dabei glaubt er, sich in einer geraden Linie zu bewegen – in Wirklichkeit aber verläuft die Bewegung in einem Kreis. Die Manifestation ist ein feierlicher, endloser Tanz um ein imaginäres Zentrum der Schwerkraft herum. In diesem Kreis-Tanz kann der Mensch weder Sinn noch Zweck sehen. Wenn er kein Ziel hat, wird es ihm langweilig. Er kann dieselbe Schwingung nicht lange ertragen; er ermüdet, selbst wenn es eine Schwingung des Entzückens ist: Nach einer gewissen Anzahl von Stimulationen hört sein Nervensystem auf, darauf zu reagieren.

Sein Denken kann die Idee einer endlosen Wiederholung nicht ertragen. Und doch ist in allem ein Wiederbeginnen wahrnehmbar: Jeder Frühling, jeder Herzschlag, jeder Atemzug ist eine Wiederholung – keine mechanische, sondern eine mit Variationen. Mit der eigenen Atmung lässt sich immer spielen.

Ein Stern ermüdet nie. Er dreht sich um sich selbst und vielleicht auch um einen Schwester-Stern, und beide drehen sich mit ihrer Galaxie. Sie leben in einer großen Intensität des Entzückens. Wir beginnen erst, zu diesem Zustand, dieser Möglichkeit zurückzukehren. Das ganze Universum ist ein großes *summum*, ein Aufwallen des Entzückens und der Freude. Nur der Mensch ermüdet so rasch.

Tausende von Jahren war der Himmel von dichten Wolken bedeckt, und als darin endlich eine kleine Öffnung entstand, wurde ein Stern sichtbar – der allererste. Wer oder was hält uns davon ab, das Aufwallen eines großen Entzückens immer wieder zu erleben? Der kleine Stern ist noch immer da, das Wunder dauert an, aber der Mensch ist ermüdet, schenkt ihm keine Beachtung mehr.

Die Dinge scheinen unpersönlich zu sein, aber dahinter kann man immer Kontakt aufnehmen zu einem Bewusstsein, einer

Person. Hörst Du das Meer? Es ist unsere „Mutter". Sie hat uns Jahrtausende lang getragen, und sie ist immer noch in unserem Blut; sie spricht, und sie träumt: Sie träumt von ihren Kindern. Und dann der Mond: Wie die Chinesen sagen, ist er unser ältester Freund. Alles ist Bewusstsein. Der Stuhl ist Bewusstsein, der Tisch ist Bewusstsein, die Pflanze ist Bewusstsein. Aber dieses Bewusstsein erscheint eingekerkert, beschränkt. Der Mensch kann sein Bewusstsein befreien. Er kann über das Menschsein hinausgehen und eins werden mit allem, er kann all das werden, was existiert. Du kannst mit dem Entzücken aller Wesen um dich herum eins werden – alles erwartet diese Befreiung von dir. Dieses Einssein wird Yoga genannt.

Frage: Wenn die Bewegung eine Kreisbewegung* des Wiederkehrens ist, warum nehmen wir den Fortschritt so wichtig?

Sri Aurobindo sagte einmal, wenn die Menschen sich selbst und ihren Fortschritt nicht so wichtig nähmen, hätte sich das supramentale Bewusstsein schon längst manifestiert.

Gestern hatte ich eine innere Erfahrung mit der ewigen Wiederkehr. Zuvor wusste ich nur mental davon, durch die Lektüre von Sri Aurobindo. Die Erfahrung selbst brachte eine große Freude und eine Befreiung mit sich. Heute sehe ich diese ewige Wiederkehr immer noch überall. Ich kann aber verstehen, dass sie einem begrenzten Bewusstsein als langweilig oder eintönig erscheinen mag; dem unbegrenzten Bewusstsein ist sie jedoch ein immenses Entzücken.

Wir könnten uns in einer Orchesterprobe sehen: Plötzlich stoppt der Taktstock alles. Es ist das Ende der Welt. „Nun, Kinder, wo waren wir?", fragt der Dirigent. „Wir fangen jetzt wieder beim Erdwurm an, oder ein wenig davor, beim Meereswurm. Wie viele Leben sind das zurück? – Drei Millionen, ah, sehr gut!" Und wir beginnen von vorn. Wir haben das Motiv des Meereswurms so oft gespielt, es ist kein Problem, es nochmals zu üben. Es ist eine Wiederholung, aber immer mit einer gewissen Variation. Einige

Meereswürmer sind leuchtend. Und im Grunde sind wir ja alles, das Ganze; nur ein ganz kleiner Teil von uns geht auf den Wurm zurück.

Stell dir vor, dass du nach Jahrmillionen eines Strebens, eines intensiven Yogas, ein großer Erzengel geworden bist; und plötzlich erinnert sich der große Erzengel an seine kleinen Geschwister, die er als Würmer auf dem Grund des Meeres zurückgelassen hat. Was würdest du da tun? Der Erzengel kann ihnen nicht als großer Engel erscheinen; er wird also dieselbe Form annehmen, die die Würmer haben. Dazu braucht er nicht seine volle Erzengel-Energie: Ein kleiner Teil davon genügt. Dieser taucht nun in die Tiefe. Dieser kleine Teil, der in das Dunkel des Unbewussten taucht, wird sich oft einsam fühlen – auch wenn er weiß, dass sein großer anderer Wesensteil in der Höhe ist. Es ist eine große Hilfe zu wissen, dass fast unser ganzes Wesen hoch oben ist, frei von Inkarnation.

Ein inkarniertes Bewusstsein, das alle Begrenzung transzendiert und seine Fülle erreicht hat, sieht überall sich selbst – auch im Erdwurm. Man ist das ganze Universum – da ist keine Frage, ob man irgendetwas hinter sich zurückgelassen hat.

„Nun, Kinder", sagt der Dirigent, „wo sind wir?" – im Zeitalter Sri Aurobindos, dem Zeitalter ewiger Neugeburt.

IV

Neue Geschehnisse

Der letzte Wunsch des Weisen Vishvamitra

Vishvamitra* saß auf dem Gipfel
eines verschneiten Berges,
tief in Meditation versunken.
Der menschlichen Sicht entzogen,
regungslos und einsam wie der Berg selbst,
konnte nichts seinen Frieden stören,
in den er getaucht war.

Die letzte Befreiung hatte er jedoch nicht erreicht.
Es war ihm nicht gelungen,
das letzte Band zu zerschneiden,
das ihn hier unten festhielt,
die letzte Hülle abzustreifen,
die ihn noch gefangen hielt.
Er fühlte sich immer noch getrennt vom höchsten Ziel.

So dachte Vishvamitra, dass irgendwo in ihm
noch ein Verlangen sein musste,
das ihn an der Schwelle zum Absoluten zurückhielt.
Und er tauchte in sein physisches,
sein vitales und sein mentales Bewusstsein ein,
fest entschlossen, es aufzuspüren.

Aber welches Verlangen konnte in dem Weisen
noch zurückgeblieben sein?
Nacheinander lässt er alle Wünsche der Erde
in seinem Inneren vorbeiziehen,
sie auffordernd, ihr vages Trugbild zu offenbaren.
Alle nähern sich ihm schweigend,
finden aber nichts als einen alten Körper,
so hart und trocken wie ein Baumstrunk,
der nicht mehr auf sie reagiert.

Sogar das Essen ist ihm gleichgültig.
Die wenigen Vögel, die diese luftigen Gipfel besuchen,
haben die Körner auf dem Boden neben ihm
schon längst aufgepickt,
und das Wasser in seiner Bronzeschale
ist schon lange verdunstet.
Tatsächlich, kein Teil von ihm gehört mehr dieser Welt an.

Ein wenig Bewusstsein belebt seine Augen einen Moment lang.
Sein Blick ruht auf dem, was sich über dem hohen
verschneiten Gipfel vor ihm ausbreitet: dem Himmel –
dem Himmel, in dem die Sterne langsam aufsteigen
und über sein Haupt hinwegziehen,
der Kurve des Himmelsgewölbes folgend.
Und vor dem Hintergrund der leuchtenden Bahn
dieser Myriaden unzugänglicher Sonnen
nimmt er plötzlich seinen Herzenswunsch wahr:
„Ich möchte gerne mit einem Stern spielen."

Jetzt wird dies zu seinem einzigen Gedanken,
seiner einzigen Meditation: mit einem Stern zu spielen.
Jahrhunderte und Jahrtausende vergehen;
Vishvamitra schaut immer noch zu den Sternen.
Schließlich erscheint ihm die Göttliche Mutter,
auf einer Wolke sitzend, so weiß wie Kirschblüten.

Sie fragt ihn, was sein Wunsch sei.

„Göttliche Mutter, ich möchte mit einem Stern spielen."
„Das ist ganz leicht", sagt ihm die Mutter
mit einem liebevollen, neckischen Augenzwinkern.
„Schau!"
Und er sieht, wie zu ihren Lotosfüßen
unendlich viele goldene Stäubchen tanzen,
von denen jedes eine Sonne ist.
Das ganze Universum findet sich dort, zu ihren Füßen.
„Da, spiele!", sagt sie ihm.

Aber wie kann er es wagen,
ein einziges dieser ewigen Stäubchen zu berühren,
von denen jedes eine Sonne ist?

Vishvamitra macht eine Geste
des Zögerns und weicht zurück:
„Liebe Mutter, das geht nicht,
denn eine einzige Bewegung von mir würde alles verderben;
überall würde ich Unordnung und Verwirrung säen."

„Nein", antwortet die Mutter,
„du kannst ohne Furcht spielen,
du wirst nichts durcheinanderbringen.
Deine Bewegungen sind vorhergesehen
seit Anbeginn der Welt." [1]

So berührt er denn eines dieser leuchtenden Stäubchen,
und zu seiner großen Überraschung
wird der winzige Fleck tanzenden Staubs zu einer Nova.
Staunend beugt er sich nach vorne.

---

1. Im höchsten, transzendentalen Bewusstsein sind Vergangenheit, Gegenwart und Zukunft ein allwissendes Zugleich.

Er wird von einem intensiven, schöpferischen Impuls erfüllt,
und sein Bewusstsein taucht in den Stern ein.

Eine Musik von vielfältigen Harmonien
antwortet ihm von allen Seiten.
Es ist das freudige Konzert der Sterne,
die ihren neuen Kameraden willkommen heißen.

Tausende von Jahren vergehen.
Berauscht von der Harmonie der Sphären
tanzt er begeistert seine Runde
inmitten des kosmischen Tanzes universeller Wonne.
Er gleitet und dreht sich im endlosen Raum,
getragen von der Ewigkeit seiner Freude.

So wählt er seinen magischen Pfad,
nicht achtend des ganzen ihn begleitenden Universums.
Er schreibt den einen Ton seines Liedes in den Himmel ein,
einen Ton, der den ganzen Raum erfüllt
und als Echo tausendfach zu ihm zurückkehrt.

Alles leuchtet und glänzt, und in diesem Glanz
erscheint und verschwindet abwechselnd alles,
nur um in jedem Augenblick wieder neu geboren zu werden.
Ein verzücktes Feuer scheint die Welten aufzulösen
und neu zu erschaffen.

Durch das Spiel dieser Metamorphosen hindurch
folgt er schwerelos seinem feierlichen Weg
auf dem kleinen Triumphwagen seines Entzückens.
Er führt und kontrolliert die Zügel seiner Bahn,
er ist der Meister,
er der Bestimmer seines unvergleichlichen Tanzes.

Äonen von Yugas* vergehen.

Er tanzt weiter, ein Stern unter Sternen.
Während seines Tanzens, im seligen Kreisen,
kommt ihm eine Erinnerung – wie eine Gnade,
die es auch für Sterne gibt.
Die vor langer Zeit gehörten Worte der Mutter singen
in seiner Erinnerung:
„Deine Bewegungen sind vorhergesehen
seit Anbeginn der Welt."

Oh, das Schweigen, das diesen Worten folgt!
Oh, die Süße, die damit einhergeht!

Es ist, als ob alle Universen
wieder in die *Mutter* zurückkehrten
und ihr all ihre Schätze zurückbrächten.

Nichts bewegt sich, und doch geht alles weiter.
Nun ist *Sie* es, die den kosmischen Tanz führt:
Sie allein existiert,
Sie allein spielt mit allem.

Wie hätte irgendetwas die universale Ordnung stören können,
da *Sie* es ja ist, die in ihren Millionen Formen wirkt und handelt?
Nicht du warst es, der deinen Pfad des Lichts
mit dem Gefühl absoluter Freiheit getanzt hast.
Sie ist es, die die wundersamen Zyklen
in ihrer Ordnung und ihrer Entfaltung führt.

Erwacht aus seiner Trance
sieht Vishvamitra nur *Sie*:
Sie, die alles ist und alles bewirkt.

Voller Aspiration wendet er sich glühend an Sie*:*
„Oh höchste Mutter, wie kann ich mit Dir eins werden,
wenn doch alle Universen zusammen

nur ein bisschen Staub zu Deinen Füßen sind?"

Die Stimme, jetzt sehr nahe, antwortet:
„Wenn dein Bewusstsein mir entgegenwächst,
wirst du immer mehr mit mir *eins* werden.
In den Welten des Entzückens jedoch,
wo die Götter spielen,
ist kein Fortschritt möglich.
Obwohl deren Entzücken immens sein mag,
ist es nichts im Vergleich zu der Seligkeit, die ich denen gebe,
die ihr Bewusstsein zu mir erheben.
Diejenige Welt, wo Fortschritt möglich ist, ist die Erde.
Dort bin ich – in allem verborgen,
dort kannst du mich integral,
auf allen Bewusstseinsstufen des Seins, entdecken."

Nun sieht der Weise,
wie die Erde, im Zentrum der Manifestation,
in göttlichem Lächeln leuchtet.

Und so kehrt er zur Erde zurück,
um dort das Höchste in allem zu entdecken
und dieses Höchste integral zu verwirklichen.

Im Zeitalter Sri Aurobindos

(aus einem um 1978 auf Tonband aufgenommenen Gespräch)

Ein Medizinstudent fragt: „Hat sich die Menschheit seit der Zeit der alten Griechen fortentwickelt?"

Lass uns hundert Jahre zurückgehen, da war 1872 die Geburt von Sri Aurobindo, 1878 diejenige der Mutter (Mirra Alfassa); gehen wir also, sagen wir einmal, bis 1860 zurück, in die Zeit bevor sie auf der Erde lebten. Kannst du dich in diese Zeit hineinversetzen? Weißt du, wie die Leute damals lebten? Kannst du dir ein Leben vorstellen, sogar in den großen Städten ohne Elektrizität, ohne Telefon, ohne Radio, ohne Autos, ohne Flugzeuge: So ein kleiner Planet, stell dir das einmal vor. Jetzt denk an unseren heutigen Planeten. Siehst du die Veränderung? Du magst vielleicht einwenden, dass die Veränderung nur technologischer Art sei.

Stellen wir uns einmal ein Spital vor hundert Jahren vor: Da warten in einem Zimmer Frauen auf die Geburt ihrer Kinder und ein Arzt hat gerade Dienst. Er trägt sehr elegante, dunkle Kleider und geht von einer Frau zur nächsten. Seine Hände wäscht er nie. Kannst du das sehen? Und jede Frau, die er untersucht, wird das bekommen, was man Kindbettfieber nannte – ein sehr spezielles Fieber, das nur jene bedauernswerten Frauen bekamen, die ins Spital gehen mussten, um dort ihr Kind zu gebären. Du begleitest diesen Arzt und weißt, dass von zehn Frauen acht an Kindbettfieber sterben müssen. Kannst du dir das vorstellen? So würdest du überall in diesem Spital die schrecklichsten Dinge sehen. Und jedes Mal, wenn du zu sagen versuchtest: „Aber mein Herr, könnten Sie zwischen den Untersuchungen nicht ihre Hände waschen?", müsstest du dich auf einen Wutausbruch von ihm gefasst machen.

Nachdem du dir einen solchen Planeten vorgestellt hast, denk an heute und frage dich: Hat da nicht ein kleiner Fortschritt stattgefunden? Natürlich ist der Fortschritt, den wir sehen, technologischer Art. Aber er ist nicht nur technologisch, denn das ist nicht möglich, auch wenn das Gerät oder das Instrument, das du heute verwendest, aus dem Bereich der Technik stammt.

Stell dir vor, ich gäbe dir ein Elektronenmikroskop. Du würdest es als ein technisches Instrument ansehen. Aber die Entdeckungen, die damit gemacht werden können, sind nicht nur technisch. Ein Telefon, das ist nicht nur dummes Zeug, das durch ein elektrisches Kabel gesagt wird. Das Fernsehen ist nicht nur eine endlose Abfolge von Bildern. Elektrisches Licht ist nicht nur dazu da, damit die Leute am Abend länger aufbleiben und Unbedeutendes reden können. Es ist viel mehr. Und, siehst du, dieses „Viel mehr", kann als das neue Bewusstsein wahrgenommen werden, das mit Sri Aurobindo auf die Erde kam und eine derartige Umwandlung in Gang gebracht hat.

Wenn du zurückschaust – hundert Jahre, zweihundert Jahre, tausend Jahre, zehntausend, vierzigtausend Jahre –, … bis in die vorgeschichtliche Zeit kann man zurückschauen, aber in keiner Epoche trifft man innerhalb eines Jahrhunderts derart große Veränderungen. Noch nie hat die Menschheit sich so schnell verändert wie in den letzten hundert Jahren, ja sogar letzten fünfzig Jahren. Schau dir die Medizin an. Neunundneunzig Prozent von dem, was du heute lernst, war vor fünfzig Jahren noch nicht da. Darin kannst du das neue Bewusstsein erkennen. Sag nicht, es sei nur technologischer Art. Für die Frauen, die nicht mehr am Kindbettfieber sterben, ist es durchaus nicht nur technologisch.

Jetzt würde man von einem spirituellen Lehrer wie Sri Aurobindo natürlich erwarten, dass er einen *spirituellen* Wandel mit sich bringt. Ja, den hat er auch gebracht, aber er ist schwieriger zu sehen, vor allem, wenn wir das Wort *spirituell* auf eine Art definieren, die nicht rein mental ist. Die Mutter hat gesagt, dass es nicht in erster Linie Sri Aurobindos Schriften sind, die zählen. Selbst wenn man alle seine Werke weglassen würde, wenn er seine dreißig Bände nie geschrieben hätte, so wäre Sri Aurobindo immer noch eine Kraft, die direkt aus dem Einen gekommen ist und auf das Bewusstsein der Menschheit einwirkt.

Aber ein Avatar ist nicht jemand, der von allen erkannt wird. Das war nie so. Denk einmal an den Kampf in Kurukshetra, der in der *Bhagavad Gita** beschrieben wird. Da war Arjuna im Streitwagen, und mit ihm sein Wagenlenker, der die Pferde führte. Keiner der anderen Befehlshaber, nur Arjuna, konnte in diesem Wagenlenker den Avatar Sri Krishna erkennen. Aber ein neues Bewusstsein war auf dem Kampffeld gegenwärtig, ein neues Selbst-Gewahrsein.

Und heute, wenn z. B. ein Mensch durch ein Mikroskop oder durch ein Teleskop schaut, ist ebenfalls ein neues Bewusstsein gegenwärtig – das neue Bewusstsein, das mit Sri Aurobindo gekommen ist. Es ist, als stände es hinter dem Menschen und schaue mit. Es ist das Zeitalter Sri Aurobindos. Da wirkt der Avatar. So wie Sri Krishna bei Arjuna stand, steht heute Sri Aurobindo hinter allem.

Wenn Staatsmänner wie Jimmy Carter oder Leonid Breschnew oder sonstige Politiker eine uns außergewöhnlich erscheinende Entscheidung treffen oder etwas Neues wie z. B. die Entspannungspolitik[1] einführen, steht etwas hinter ihnen, das vor zweihundert Jahren noch nicht da war, etwas Neues, etwas, das herabgekommen ist, das sich involviert hat und sich nun evolviert und da ist. Es kann nicht mehr von der Erde weggenommen werden, kann nicht mehr verschwinden. So musst du Sri Aurobindo sehen, wenn du ihn entdecken willst. Jedes Mal, wenn du eine medizinische Zeitschrift in die Hand nimmst – machst du das manchmal? – und dann plötzlich: „Ha, Sri Aurobindo – das neue Bewusstsein!" *(lachend)* Ja? So solltest du ihn erwarten. Wenn der Avatar auf einen Planeten kommt, ist es nicht mehr derselbe Planet.

Stell dir einen indischen Arzt vor ca. 100 Jahren vor, der damals (um 1870) noch von Hirnfieber und allen möglichen seltsamen Krankheiten gesprochen hat, die man heute nicht mehr kennt.

---

1. Mit Hilfe neutraler Vermittler sollen Streitigkeiten zwischen verschiedenen Staaten nicht mit militärischer Gewalt, sondern durch Kompromisse gelöst und in Verträgen festgehalten werden.

Wenn du ihn heute in einem Spital herumführtest und über die verschiedenen Fälle sprechen würdest, was denkst du – könnte er ein einziges Wort von dem verstehen, was du sagst, wenn du von Röntgenstrahlen oder von einem EKG sprichst, dich auf Labortests beziehst und alle diese Dinge? Nein, nicht sehr viel. Er würde sich fragen: „Bin ich noch in Indien, auf dem Planet Erde?" „Nein", würdest du sagen, Sie sind nicht mehr auf demselben Planeten, dies ist der Planet Sri Aurobindos geworden."

Sri Aurobindo erwähnte einmal ein wunderbares Beispiel: die Französische Revolution, im Jahr 1789. Die Leute riefen: „Freiheit, Gleichheit, Brüderlichkeit!" Der Grund aber, warum sie sich nach diesen Kräften sehnten, könnte – so Sri Aurobindo – das Wirken eines Yogi gewesen sein, der in einsamer Meditation hoch oben im Himalaya diese neuen Gedanken, diese „Kräfte" in das Bewusstsein der Menschheit herabbrachte.

So muss man einen Planeten und die neuen Bewusstseinskräfte, die in ihn hereinkommen, sehen. Sie sickern irgendwie und irgendwo ein. Hundert Jahre vor der Französischen Revolution waren Freiheit, Gleichheit, Brüderlichkeit noch nicht im Bewusstsein der Bürger.

All die neuen Erkenntnisse technischer, wissenschaftlicher, psychologischer Art etc. sind seit Beginn des 20. Jahrhunderts durch das von Sri Aurobindo herabgebrachte und von ihm verwirklichte Wahrheitsbewusstsein zu uns gekommen.

Natürlich kann man auch viel Widerstand dem Neuen gegenüber wahrnehmen. Das defizient gewordene mental-rationale, patriarchalisch gefärbte, ego-zentrierte alte Bewusstsein will seine Oberherrschaft nicht gerne abgeben. Die Kräfte der Lüge wollen der Wahrheit nicht gerne ihr Wirkungsfeld übergeben. Wir leben in einer intensiven, gewaltgeprägten Übergangsphase.

Auf dem Sonnenberg – Ahana

Sri Aurobindo spricht von den sieben Schleiern der Unwissenheit, die uns daran hindern zu sehen, dass wir in einem Universum leben, das voller Licht ist. Deshalb kann man zwar ein schönes Paar Schuhe, eine volle Geldbörse oder akademische Diplome besitzen, die Erleuchtung hingegen lässt sich nicht erlangen, ohne die sieben Schleier in sich gelüftet zu haben.

Ist einem die Erleuchtung einmal zuteil geworden, kann man sie immer und überall wieder erfahren.

Bei den meisten Leuten ist der analytische Verstand mit dem Ego und ihren alltäglichen Angelegenheiten verbunden; aber dies ist nicht der normale menschliche Zustand. Schaut man nachts in den Himmel, ist es normal, dass unzählige Sterne leuchten und uns entzücken, und dies nicht nur am Weihnachtsabend, sondern andauernd und immer.

Meine Griechisch- und Lateinkenntnisse haben mir sehr geholfen, Sri Aurobindos Yoga mental zu verstehen. Der Inhalt der Wörter, die er in seinen Werken verwendet, wie z. B. *méchané* oder *conditio* und viele andere, hat sich im Laufe der Zeit verändert. Im heutigen Sprachgebrauch bedeutet z. B. mechanisch das Gegenteil von spirituell. Sri Aurobindo aber verwendet dieses Wort immer noch in seiner ursprünglich griechischen Bedeutung: Die goldene *Méchané* bedeutete damals Energie, eine Art Alchemie. *Méchané* ist das, was den Tanz der Sterne ermöglicht. Newton übersetzte es mit „Himmelsmechanik", er schrieb in seinen Werken darüber.

In Griechenland gab es zwei heilige Berge: Der *Olymp* war der Wohnsitz der Götter, und auf dem *Helikon*, dem Sonnenberg (*heli* ist die Wurzel von *helios*, die Sonne) lebten die Musen, die Göttinnen der Künste, der Inspiration und der Erleuchtung. Sri Aurobindo schrieb ein großes Gedicht, *Ahana* (Sanskritwort für Morgenröte), in dem der Sonnenberg vorkommt[1]. Auf diesem

---

1. Das Gedicht *Ahana* in englischer Original-Version, siehe: www.collectedworksofsriaurobindo.com

Berg sind nicht nur die Musen weiblich, sondern auch die Sonne. Die Sonne ist die Mutter der Musen, und Mnemosyne ist das kosmische Gedächtnis. Schließlich ist das, was wir Erleuchtung nennen, nicht etwas Neues, das wir noch nicht kannten – es ist eine Er*inne*rung.

Einzigartigkeit

Die erkennbaren Unterschiede zwischen verschiedenen Personen sagen nichts aus über ihre wahre Individualität.

Unsere wahre Individualität besteht darin, auf eine einzigartige Weise eins zu sein mit dem Ganzen, dem Absoluten, d. h. unser Einssein mit dem Ganzen in einer Weise zu verwirklichen, wie niemand anders es kann.

Es ist nicht das Ziel dieses Universums, Vielheiten zu erschaffen, sondern viele integrale Einzigartigkeiten – so dass das Ganze sich selbst Myriaden von Male in diesen Einzigartigkeiten erkennen kann, jedes Mal in einzigartiger Weise. Die Vielheiten sind dazu da, Einzigartigkeiten hervorzubringen.

Am Ende ist alles einzigartig. Keine zwei Menschen, zwei Ereignisse oder zwei Erfahrungen können die Gleichen sein.

Eine endlose Selbstentfaltung

Keiner wird Sri Aurobindo vorwerfen können, ein Dogma geschaffen oder eine Methode gelehrt zu haben. Er sah den Weg zum supramentalen Bewusstsein in der inneren Bereitschaft zu einer endlosen Selbstentfaltung in allen Dimensionen des Seins. Dieser Weg zeigt in eine Richtung, die das Ego nicht kennt, denn dieses bleibt gerne in seinem eigenen kleinen Loch sitzen.

Wenn wir am Abend in unserem Bewusstsein tiefer, höher, weiter sein können als am vorhergehenden Morgen, und am darauffolgenden Morgen wiederum tiefer, höher, weiter als am vorhergehenden Abend, und so in jedem Moment unseres Lebens fortfahren, sind wir auf dem Pfad Sri Aurobindos. Wir sind dann im Zustand eines andauernd explodierenden Selbst- und Welt-Gewahrseins, in einem psychologischen „Big Bang".

Wie glücklich können wir uns schätzen, in einem Jahrhundert zu leben, in dem der „Big Bang" wiederentdeckt wurde! Da ist Gott nicht länger ein Töpfer, der seine Geschöpfe fabriziert, sondern er ist ein Erzeuger von Explosivstoffen, der alles in die Luft sprengt, was sich nicht aus seinem Loch heraus bewegen will. Jeder Partikel in diesem Universum ist das Ergebnis einer Explosion, und ist selbst explosiv, so wie jeder Stern es ist, jede Galaxie, jede menschliche Entdeckung und jede spirituelle Ekstase.

Eine ewige Geburt

Die Mutter hat Sri Aurobindo eine *ewige Geburt* genannt; ein Name, der im Baum der Ewigkeit eingeschrieben ist – ein Symbolbild, das aus dem alten Ägypten kommt und uns zeigt, wie der Pharao seinen *wahren Namen** (seine fundamentale Schwingung) auf ein Blatt des universellen Baumes schreibt.

Die Bezeichnung „ewige Geburt" deutet hin auf die Fähigkeit, in jedem Augenblick völlig neu zu sein – sich zu verändern, sich vorwärts zu bewegen, ohne dabei irgendetwas von seinen früheren Eroberungen zurückzulassen. Was immer die Mutter (Mirra Alfassa) für zusätzliche große Kräfte in diesem Namen gesehen haben mag, er passt auch vollumfänglich zu Sri Aurobindo als dem „Vater" der Schwingungsphysik / Quantenphysik*, die zu Beginn des zwanzigsten Jahrhunderts entdeckt wurde.

Ich beabsichtige hier nicht, Sri Aurobindos Bedeutung zu charakterisieren. Sie wird sich *in aeternum* entfalten. Ich möchte hier nur kurz anführen, was für mich wichtig ist: Jedermann kann Yoga praktizieren, ohne irgendetwas Neues einzubringen, Sri Aurobindo aber machte ganz neue Entdeckungen auf seinem

Yoga-Weg. Die beiden wichtigsten davon scheinen sich besonders auf das *Ananda*, die Seligkeit, zu beziehen.

Seine erste Entdeckung: Man kann fähig werden, ständig in der Seligkeit, zu leben – bis hinab in den physischen Körper. Dies ist möglich, weil die Seligkeit fundamental diesem Universum innewohnt.[1]

Seine zweite Entdeckung – von mehr dynamischer Art – ist das Üben der subjektiven Seligkeit: Man kann fähig werden, alles, was einem zustößt, in Seligkeit umzuwandeln.

Sri Aurobindo erforschte neue „Kontinente" des Bewusstseins. Er bahnte die Pfade und übte unermüdlich die Bewusstseins-Bewegungen, die dorthin führen. Er kreierte neue *Vishnu-Schritte** und machte sie uns zugänglich. Wir sind weit davon entfernt, das, was uns seine letzte Inkarnation brachte, zu assimilieren oder auch nur zu akzeptieren, – eine Inkarnation, deren Zeugen und Empfänger wir sein durften. Von seinem Wirken werden wir – wie Jesus von seinen Jüngern sagte – mehr Falsches überliefern als uns lieb ist. Das ist zweifellos das Los eines jeden Avatars. Es muss allerdings nicht zwingend so sein.

Sri Aurobindo ist eine „ewige Geburt". Dank ihm hat sich das Supramental fest im *Subtil-Physischen** etabliert. Das Zeichen dafür ist, dass das, was wir üblicherweise *Gott* und *Materie* nennen, nicht mehr getrennt gesehen wird. *Welle* und *Korpuskel* sind eins, wie von den Quantenphysikern* 1927 an der Physiker-Konferenz in Brüssel bestätigt wurde. Das ist ein großer Sieg.

Die Religionen transzendieren

Die religiöse Unterscheidung zwischen Heiligem und Profanem existiert für Sri Aurobindo und die Mutter nicht – in der Tat für keinen wahren Mystiker: Alles ist heilig, und alles ist in sich vollkommen. Ein Frosch ist ebenso vollkommen wie ein Erzengel, sagt der deutsche Mystiker Angelus Silesius. Und es stimmt – ein

---

1. Siehe im Glossar unter Ananda und Sat-Chit-Ananda

kleiner Frosch ist perfekt. Es muss herrlich sein, im Körper eines Frosches zu leben!

Für uns ist Sri Aurobindo der Psychologe, der Dichter, der Mystiker, der Forscher, der Realisierende von Bewusstsein, der Avatar, aber er ist nicht der Heilige, nicht der „heilige Aurobindo".

Er ist gekommen, um der menschlichen Spezies einen neuen Traum zu geben, eine neue Sicht des Universums.

Buddha wurde „der Vollkommene" genannt, Krishna „der Kuhhirte", Rama[1] „der König", Jesus „der Sohn des Menschen".

Sri Aurobindo ist alle Avatare zugleich. Vielleicht werden ihn die Menschen eines Tages so sehen, wie die Mutter ihn sah, nämlich als eine nie endende „ewige Geburt".

Wie soll man Sri Aurobindo lesen?

(Zu einem jungen Besucher)
Man sollte Sri Aurobindo nicht mit dem Verstand lesen.
Jeder Satz ist wie ein Mantra, das wir in jeden Teil unseres Wesens eindringen lassen sollten, wie einen großen Glockenklang.
Wenn das getan ist und alles schwingt, kann man zum nächsten Satz übergehen.

Sri Aurobindos Portrait

Ein Portrait vom wahren Wesen der Mutter oder Sri Aurobindos zu malen, ist nur möglich, weil sie eingewilligt haben, eine menschliche Gestalt anzunehmen – sonst wäre es unmöglich. Dies erfordert jedoch eine lange Vorbereitung des Malers und natürlich Talent. Ein Gemälde kann viel mehr ausdrücken als eine Fotografie. In den großen Portraits, die Rembrandt und

---

1. Im indischen Heldenepos *Ramayana* wird die mythologische Geschichte des weisen Königs Rama erzählt, der im Hinduismus als die siebte Inkarnation von Vishnu gilt.

Dürer malten, sieht man, dass sie weit mehr als die bloß äußere Erscheinung wahrgenommen haben. In einem Gesicht kann man z. B. erkennen, dass ein Philosoph vor einem sitzt. Aber die Ebene seiner Philosophie wird in einem Portrait nicht erkennbar sein – außer vielleicht in einem abstrakten Gemälde. Sri Aurobindo zu malen ist noch viel schwieriger. Selbst wenn man in der Lage ist, diejenigen Gesichtszüge wahrzunehmen, die am besten seine innere Ausstrahlung zum Ausdruck bringen – was ist das schon im Vergleich zur Größe seines spirituellen Wesens? Nichts.

Es ist ein Triumph des Geistigen über die Materie, das Vitale und das Mentale, wenn es dem Körper gelingt, das wahre Wesen auszudrücken. Auf seinem Sterbebett war dieser Triumph Sri Aurobindos erkennbar.

DIE EINHEIT DES SEINS

V

Der Integrale Yoga

Ein sehr relativer Fortschritt

Einige Leute haben mir geschrieben und gefragt: „Wie viele Menschen mit dem Bestreben, die Einheit unseres Planeten zu realisieren, sind nötig, damit es keinen Krieg mehr geben kann?" Der Krieg bekümmert sie; deshalb wären sie bereit, einen Teil ihres Komforts zu opfern, um ihn zu eliminieren. Aber *Frieden* ist nicht eine Angelegenheit von Zahlen. Wenn die Zeit einmal gekommen sein wird, in der es keinen Krieg mehr braucht, wenn ein Krieg nichts mehr zum inneren Fortschritt der Menschheit beitragen kann, genügt es, wenn *eine* Person die planetarische Harmonie in sich verwirklicht hat; die Schwingungen des Friedens, der Harmonie in ihr werden sich dann auch in den anderen ausbreiten und wirken.

Die Anzahl (Quantität) der Menschen ist also nicht entscheidend, die meisten sind sowieso Marionetten. Homer wusste dies sehr wohl. Darin ist seine Psychologie unserer modernen Variante überlegen. Hinter jedem Helden sah er einen Gott, der diesen führte. Berühmte Männer waren groß, weil sie diesen Kräften gegenüber offen waren. Die meisten von ihnen erkannten, dass sie gezwungen wurden, auf eine bestimmte Weise zu handeln. In dem Sinne waren sie Instrumente unsichtbarer Mächte.

Es ist das Wahrheitsbewusstsein, die neue Kraft, die es möglich macht, nicht mehr von diesen Zwischenwelten der Götter – oder auch der Asuras*, der Dämonen – abhängig zu sein, sondern direkt aus der Wahrheit heraus zu handeln.

Um des Spieles willen

Eines Tages, wenn wir unsere ganze Vergangenheit und Zukunft gelebt haben, und wenn jede unserer Handlungen ihre Rechtfertigung gefunden hat und gewandelt ist, werden wir das Eine, das Absolute – oder wie immer man es nennen will – verwirklichen.

Frage: Wer ist „wir"?

Die Vielheit, die jeder von uns ist. Solange noch widersprüchliche Stimmen in uns sind, können wir das Eine nicht verwirklichen. Erst wenn wir in uns den Grundton gefunden haben, der alles harmonisiert, integriert und eint, kann die Fuge geschrieben werden.

Frage: Bedeutet „das Eine verwirklichen", dass die Manifestation (die Vielheit) verschwindet?

Manifestation und Raum und Zeit verschwinden deswegen nicht. Sie sind Ausdruck verschiedener Bewusstseinsstrukturen. Um wirkliches Wissen zu erlangen, muss man sie alle gleichzeitig wahrnehmen. Dann genügt *ein* Schritt, um über sie hinauszugehen, doch das ist nicht für immer, denn das „Darüberhinausgehen" bedeutet im Grunde, auch wieder in eine neue Bewusstseinsstruktur zu gehen. Die schon vertrauten Bewusstseinsstrukturen werden dadurch nicht einfach ausgelöscht, sie verschwinden nicht.

Wenn wir fähig werden, *willentlich* über sie hinauszugelangen und wieder zurückzukehren, ist das eine große Befreiung. Die alten Ägypter wussten das und sagten: „Ob ich hinausgehe oder hereinkomme, mein Herz ist immer glücklich."[1]

Um die Manifestation vor dem Licht des absolut Einen zu schützen, braucht es einen Schleier, einen Schatten, irgendeine Form der Trennung, sonst gäbe es keine Manifestation. Dieser Schatten ist die kleine oberflächliche Person, die für das Spiel notwendig ist. Selbst bei jenen Wesen, welche die Mutter* (Mirra Alfassa) beschreibt, von denen nur die Füße zu sehen sind und deren oberer Teil wie eine Sonne leuchtet, in die man nicht blicken kann, weil sie so hell ist[2] – auch bei jenen ist immer noch ein Schleier da, um des „Spieles" willen.

Der Yoga von Sri Aurobindo führt zur Befreiung von jeglicher Trennung, läßt aber weiterhin die Möglichkeit zu, eine Form anzunehmen – als Spiel –, um diese als Instrument für eine immer ganzheitlichere Manifestation zu benutzen und immerzu neue Spiele der Schönheit und der Wahrheit zu kreieren für das *ewige Kind**, das wir sind.

Nicht-Gebundensein und Anstrengung

In hohen Bewusstseinszuständen gibt es die immerwährende Seligkeit. Man ist an nichts gebunden. Alles ist wie ein Märchen. Sobald man sich aber an etwas zu binden beginnt, ist das Märchen vorbei. Wir binden uns an Dinge und Formen, und wenn die Formen dann zerbrechen, geraten wir aus der Fassung.

Die Energien, welche die Formen füllen, die Schönheiten, die Begeisterungen, die Freuden, sind lauter ewige Kräfte und Geburten. Man kann sie überall und immer wieder neu in allem finden.

---

1. siehe Medhananda, *Verborgene Weisheit* (Kapitel *Das Buch der Tore*, ein ägyptischer Papyrus aus dem Grab von Her Uben).
2. Siehe *Die Mutter, Gespräche 1958* (Originaltitel *La Mère, Entretiens 1958*), das Gespräch vom 19. Febr. 1958.

Solange unsere Anstrengung persönlicher Art ist, ist sie einem Rhythmus unterworfen, so wie die Jahreszeiten. Sie ist begrenzt. Was notwendig ist, ist ein Öffnen der inneren Tore; dann können wir die Arbeit den großen Kräften überlassen.

Die Erde ist eine Welt der Evolution: Nichts wiederholt sich ganz gleich. Was gestern galt, gilt heute nicht mehr. Es ist weder möglich noch wünschenswert, heute eine innere Erfahrung von gestern wiederzuerlangen. Klammert man sich an seine persönlichen kleinen Freuden, entziehen sie sich einem bald wieder. Die großen Kräfte lehnen es ab, sich durch irgendetwas einschränken zu lassen. Wir müssen die immerwährende Seligkeit entdecken, die der Urgrund von allem ist.

Wenn alles du selbst bist

Frage: Wenn du in einem Bewusstsein bist, wo alles du selbst bist, existieren die Vögel und Insekten dann noch?

Es hebt die äußere Welt nicht auf. Wenn man im Transzendenten ist, existiert nichts mehr – und doch fährt alles fort zu existieren. Nur das kleine Ego ist weg, es fordert nichts mehr. Du hast immer noch Augen und Ohren, all deine Sinne. Die Wärme der Sonne ist immer noch da. Aber in diesem Zustand, in dem alles du selbst bist, kannst du nicht länger sagen: „ich bin durstig, mir ist warm." Es ist ein Samadhi*, in dem du dich mit allem, was du siehst, identifizierst. Du siehst ein Insekt, du *bist* Insekt; du siehst eine Wolke im Wind, du *bist* Wolke. Es ist zugleich eine Projektion und ein Einssein. Du bist in einem überwachen Bewusstsein, in dem es keine Spur von Dualität gibt; du genießt alles um dich herum in einem Zustand von absolutem Einssein.

Frage: Ist es nur eine Art „Faserbündel", das uns individuell mit unserer evolutiven Herkunft verbindet?

Ja, aber ein sehr breites, das in Wirklichkeit alles enthält. Selbst wenn wir nur die physische Abstammung betrachten, so sind in jeder deiner Zellen alle deine Vorfahren (tierischer oder menschlicher Art) anwesend. Und für das vitale Wesen ist das noch zutreffender und komplizierter. Sogenannte primitive alte Völker haben unser vitales Wesen immer als Tier betrachtet. Die vielen Legenden mit redenden Tieren, die einen König haben, beziehen sich auf diese okkulte Wahrheit. Unser vitales Wesen enthält alle tierischen Aspekte – auch die vielen „Tugenden" im Sinne von besonderen Kräften und Fähigkeiten: Die Stärke des Löwen, die Weisheit des Elefanten, all das ist in uns. Es gibt keine einzige psychologische Bewegung, die ein Tier machen kann, welche nicht auch im Menschen zu finden ist. Und alle Vorfahren, auch jene, die das Ziel der Befreiung nicht erreichten, die auf dem Weg dorthin starben, werden, wenn wir selbst Befreiung erlangen, ihre Erfüllung in uns finden. Denn in der Tat ist dies die enorme Bedeutung der Verwirklichung: zu erkennen, dass man alles ist.

Als sich Buddha nach seiner Erleuchtung umdrehte, um dem Bodhi-Baum zu danken, war, was er sah, er selbst. Als der Buddhismus entstand, und noch einige Zeit danach, wurde Buddha durch diesen Baum symbolisiert. Alles, was wir sehen, ist in uns, wir sind es selbst. Deshalb ist es genau so wichtig, die entferntesten Galaxien wie auch die Zellen unseres eigenen Körpers zu erforschen, denn beides sind wir selbst. Sri Aurobindo spricht von einer allgemeinen und einer individuellen Evolution; am Schluss jedoch läuft es auf dasselbe hinaus, weil wir alles sind. Du bist alles – dem kannst du dich nicht entziehen.

Wenn du nachts einschläfst, gibt es – bevor du ins Absolute zurückkehrst – einen Moment, in dem du das Gefühl verlierst, ein beschränktes, kleines Wesen zu sein, und du fließt wie ein Strom in den Ozean. Dann bist du dieser Ozean, erfährst dich als seine unendlichen Wellen, die seit Anbeginn der Welt zu den Ufern aller Kontinente laufen. Danach gehst du in das Absolute, das Transzendente ein.

Der Integrale Yoga angesichts des Bösen

Das Ausmaß des Bösen in der Welt war immer gleich, ob es durch Dinosaurier ausgedrückt wurde oder durch Menschen, wie heute. Da die Menschen aber intelligenter sind, findet sich bei ihnen eine raffiniertere und gemeinere Form von Bosheit. Die Tatsache, dass Böses existiert, geht wohl auf die vitale Kraft einer jeden Spezies zurück, welche sie antreibt, das ganze Universum zu erobern – und dies wiederum ist der Anlass für einen wilden Kampf ums Überleben. Wenn die Schutzkräfte, die Hüter des Lebens, nicht eine gewisse Harmonie aufrechterhalten würden, hätten sich die Zellen unseres Körpers schon längst gegenseitig aufgefressen. Als Ganzes gesehen ist das Leben aber harmonisch, wunderbar und triumphierend. Und wenn jemand den Löwenanteil von der Fülle des Lebens für sich selbst beansprucht und sagt: „Das gehört mir", so lebt er in Unwissenheit. Jesus sagte: „Vergib ihnen, denn sie wissen nicht, was sie tun." Kein Mensch weiß wirklich, was er tut, auch wenn er die besten Absichten hat. Was wir Böses nennen, ist in Wirklichkeit Unwissenheit. Nur durch das Vereinen aller Archetypen in sich kann man wissen, ob das eigene Handeln wahr ist oder nicht. Das Wesentliche ist, ob wir ein allumfassendes, integrales Bewusstsein haben oder nur ein fragmentiertes, durch Raum und Zeit begrenztes. Der Yoga von Sri Aurobindo besteht darin, dieses sogenannte Böse zu *transformieren*. Dabei geht es nicht darum, Heinz, Kunz oder Hans zu transformieren, sondern die Menschheit als Ganzes – unsere menschliche Seinsweise –, und dies wird Auswirkungen auf sämtliche Lebensformen auf der Erde haben; auch *deren* Lebensbedingungen werden sich ändern. Was auf andere Planeten gebracht werden soll, ist ein transformiertes Leben. Vergessen wir nie, dass die Basis von all dem, was dieses Universum erschafft und erhält, Liebe und Seligkeit ist.

Von Befreiung zu Befreiung

Frage: Wie wissen wir, ob jemand im Zustand der Befreiung lebt?

Der Zustand der Befreiung ist eine Illusion, wenn du erkennst, dass Freiheit als Möglichkeit immer schon da war. Das Wort Befreiung beschreibt eher das mit der inneren Erfahrung einhergehende Gefühl. Dieses Gefühl der Freiheit empfindest du jedes Mal, wenn du aus diesem Universum, aus dieser Manifestation hinausgehst. Danach wird es zu einer Art Spiel: Man kehrt zurück in seine menschliche Begrenzung, um danach erneut die Freiheit zu erfahren.

Im Wahrheits-Bewusstsein, wo alles mit allem verbunden und eins ist, trägt man alle Wesen und alle Geschehnisse in sich selbst mit. Alles, was sich hier auf der Erde ereignet, geschieht auch in einem selbst. Alles ist auch Teil von dir. Wenn jemand einen Mord verübt hat, so ist das auch in dir geschehen. Du darfst deshalb keine Verurteilung oder Kritik in dir fühlen, du nimmst es auf dich, das ist alles. Daher ist es im integralen Yoga so wichtig – wie übrigens in allen Yogas –, nie andere Menschen zu kritisieren, auch nicht im Geringsten: Es würde dich aus dem Zustand des Einsseins in die Teilung, die Trennung führen. Was es braucht, ist das perfekte Wohlwollen allem gegenüber, von dem die Buddhisten sprechen.

In den ersten Jahrhunderten wurde Buddha durch einen leeren Sitz dargestellt – leer, weil keinerlei Ego auf ihm sitzt, ihn besetzt. Parallel dazu erschien eine sehr schöne Legende, die erzählt, dass er, als er durch das Tor ins Nirvana* hätte eingehen können, dies abgelehnt hat – eine Legende, die also das buddhistische Konzept (das Hinausgelangen aus dem Kreislauf des Daseins und der Wiederkehr) abwandelt. Buddha sagte: „Nein". Er ging nicht ins Nirvana ein, sondern versprach, hier zu bleiben, immer wiedergeboren zu werden, solange noch ein einziges fühlendes Wesen hier auf diesem Planeten dem Leiden ausgesetzt sei.

Er wäre fähig gewesen, über alles hinauszugehen und Befreiung zu erlangen, nur etwas hielt ihn zurück: Das Mitgefühl. Seine Identifikation mit dem Unermesslichen ging soweit, zu erkennen, dass *er selbst das ganze Leben* war. Diese Identifikation, die wir auch bei Jesus finden, der sagt: „Ich bin die Auferstehung und das Leben", behielt Buddha bei. Und so nahm er es auf sich, wiedergeboren zu werden. Er blieb dabei aber *frei* von jeglichem Gebundensein, *frei* vom Ego, von dem Gefühl der Trennung.

Wiedergeburt und Freiheit sind kein Widerspruch, keine Begrenzung, sie betonen, dass alles mit allem verbunden und eins ist. Was wegfällt, ist die Begrenzung auf eine menschliche Form. Buddha fühlte sich eins mit den Tieren und den Blumen, mit dem ganzen Leben. Dies ist ein inneres Programm – nicht die Hardware eines Computers, sondern die Software.

Man kann viel Schönes in die offene Leere der Befreiung bringen, z. B. die Liebe zum Paradies – dem Garten, den Bäumen, den Vögeln, den Eichhörnchen, den Fischen… Und von Zeit zu Zeit macht der Befreite einen Spaziergang in diesem Paradies, welches das Reich des Menschen ist; dies allerdings, ohne in die Sorgen des Gärtners involviert zu werden!

VI

Der Yoga Sri Aurobindos

„Es war die Stunde, bevor die Götter erwachen"

So beginnt das größte spirituelle Epos, *Savitri**. Die Götter wollen nicht erwachen, weil das für sie bedeuten würde, einen Körper anzunehmen und sich physisch am Leben der Erde zu beteiligen. Savitri aber, die Gottheit der höchsten Wahrheit, ist bereit, sich gänzlich zu inkarnieren. Sie verzichtet – auf ihre Weise – auf das Nirvana, jene einsame Seligkeit, welche die Manifestation als Ganzes aber nicht miteinbezieht. Am anderen Pol von Savitris bewusster und freiwilliger Selbst-Hingabe ist der Mensch, der in das Körperliche verliebt ist, in eine Welt, die er in kleine Fragmente schneidet – in konstanter Furcht, seinen physischen Körper zu verlieren, weil er sich weigert, seine vibrierende Schwingungsnatur zu erkennen. Die meisten Dinge um uns herum sind für uns bloß materielle Bilder, Erscheinungen, in denen das dahinterstehende, ewige Sein für uns nicht erkennbar ist. Körperlichkeit ist Teil der Manifestation, aber sie ist nicht unsere Herkunft, unser Ursprung. Je mehr wir – so wie Savitri – mit unserem vibrierenden Schwingungsfeld vereint sind, desto weniger sind wir bedeutungslosen körperlichen Abenteuern ausgeliefert, und desto mehr werden wir zum Meister unseres eigenen Schicksals. Sein ist nicht ein Oberflächenphänomen. Um wirklich *sein* zu können, brauchen wir Wurzeln, die tief hinab in unser vibratorisches Fundament reichen. Von Zeit zu Zeit treffen wir etwas an, das immer *ist*, immer schon *war*, und immer *sein wird*. In solchen Momenten haben wir es wirklich mit dem Sein, einem Schwingungsfeld, zu tun, und nicht mit einer vergänglichen Form, einer Seifenblase. Dies philosophisch zu erklären, wird kompliziert und schwierig, vor allem, wenn wir vor einem Schmetterling stehen und plötzlich entdecken, dass er wirklich *ist*.

Der Yoga der Aspiration

Die Schwierigkeit für den spirituellen Sucher besteht darin, einen Weg zu finden und zu gehen, der es nicht zulässt, ins Religiöse und Sentimentale abzugleiten oder in die Fallgruben des Okkulten, oder in einen übertriebenen Asketismus zu geraten oder in Illusion und Falschheit. Musik kann in gewissen Fällen eine Hilfe sein, speziell für jene Anwärter des Yoga, die wahre Musik der höchsten Art, wie z. B. diejenige von J. S. Bach wählen.

Es gibt gewisse Sufi-Orden, in denen Musik und Gesang untersagt ist, um ein Schwelgen in Gefühlen und Empfindungen zu verhindern. Die tanzenden Derwische dürfen nur in Gegenwart eines Meisters üben, der die Kontrolle über alles hat; andernfalls können vorübergehende Zustände den Eindruck eines großen Fortschrittes erwecken und blind machen für die Gefahr des Abgleitens in Illusion und Täuschung. Sri Aurobindo hat den Tantrismus als einen Beitrag zur Transformation und Selbsterkenntnis zwar gewürdigt, wusste aber sehr wohl, warum er in seinem Ashram nichts Derartiges wollte.

In den frühen Stadien seines Integralen Yoga suchte Sri Aurobindo nach einer Kraft, mit welcher die Wahrheit in globaler Weise in die Erdatmosphäre heruntergebracht werden könnte. Damals war die Suche nach jener Kraft sein einziges Ziel. Schließlich fand er sie; er sah, dass die Aspiration die größte Kraft auf dem spirituellen Weg war.

Mit Aspiration kann das neue Bewusstsein – das Wahrheitsbe-
wusstsein – in der Evolution zur Wirkung gebracht werden. Die
Kraft, die auf unsere Aspiration antwortet, nennt Sri Aurobindo
Gnade. Aspiration und Gnade sind wie zwei Pole der gleichen
Kraft[1]. Die Gnade zeigt sich nicht mit göttlichem Donnerschlag.
Sie wirkt, aber mit der Leichtigkeit einer Feder (dem ägyptischen
Symbol für Wahrheit), nicht mit dem Gewicht des Schwerts. Und
wir können uns immer auf die Seite der Gnade stellen.

Das Wahrheits-Bewusstsein auf der planetarischen Ebene zu
begründen, ist sicher schwierig. Planeten gibt es ohne Zahl, es
würde genügen, auf einem einzigen Planeten Erfolg zu haben –
auf irgendeinem wird die *Feder der Wahrheit** gewiss eines Tages
siegen. Im alten Ägypten war die Feder während der ersten 2000
Jahren die führende Kraft; man hat den Eindruck, dass sie überall war. Dann kam die Eroberung durch die Hyksos[2]. In Ägypten
gab es keine Armee, höchstens lokale Widerstandsgruppen. Die
Hyksos fielen ein und ergriffen die Macht – denn die Feder ver-
teidigt sich nicht. Dieses Ereignis führte dazu, dass Ägypten sich
nun auch zu militarisieren begann und selbst Eroberungsfeld-
züge unternahm. Das war der Beginn eines anderen Stadiums
in der menschlichen Entwicklung. Zuvor bedeutete, *ein Krieger
zu sein*, einen inneren Seinszustand der Wachsamkeit, Tapfer-
keit, Furchtlosigkeit, Ausdauer – lauter heroische Seelenkräfte.
Danach waren die Krieger jene mit den zerstörerischen Waffen.

Zumindest dem Anschein nach war dies ein Rückschritt; jeden-
falls war es ein großer Umweg, der schließlich in das Zeitalter des
Kali-Yuga* führte, aus dem wir immer noch nicht herausgefun-
den haben. Nolini (ein Schüler Sri Aurobindos) äußerte einmal,

---

1. Sri Aurobindo schreibt im Buch *Die Mutter*: „Zwei Kräfte sind es, die
allein in ihrem Zusammenwirken das große und schwierige Werk vollbrin-
gen können, um das wir uns zielstrebig bemühen: eine stete, unversiegbare
Aspiration, die von unten ruft, und die höchste Gnade von oben, die darauf
antwortet."
2. Asiatische Volksgruppe, die um 1648 v. Chr. in Ägypten eindrang, und
deren Könige (Stammeschefs) während ca. hundert Jahren das Land regier-
ten. Hyksos heißt „Herrscher der Fremdländer".

einige Jahre, nachdem Sri Aurobindo seinen Körper verlassen hatte, er erwarte nicht, dass sich das supramentale Bewusstsein (das Wahrheitsbewusstsein) bald in der Welt etablieren würde. Er mochte pessimistisch sein, was die nahe Zukunft betraf; für die fernere Zukunft aber, ob in 2000 oder 20 000 oder 200 000 Jahren, war er absolut optimistisch, weil er den neuen „Typus" wahrgenommen hatte.

Der Yoga der Transformation – auf dass all die „Kinder" in uns sich freuen mögen

Wie Sri Aurobindo gesagt hat, beginnt sein Yoga dort, wo andere enden. Das ist einleuchtend.

Alle Yogas, die zur Erleuchtung, zur Befreiung führen, streben nach einer Eroberung der Vergangenheit. Diese ist immer noch in uns. Die Prokaryoten[1], die Amöben, die Dinosaurier, all unsere tierischen und menschlichen Vorfahren sind genetisch ja immer noch in uns da. Diese Kräfte sollen in uns befreit werden, so wie wir von ihrer Unwissenheit und Trennung befreit werden sollen. Dies gilt nach wie vor und bleibt unerlässlich. Doch das ist nur die erste Hälfte des Weges. Es ist der psychologisch harte, schwierige Teil.

Danach beginnt das „Spiel": der Yoga Sri Aurobindos, der Yoga der Zukunft, die Eroberung der Zukunft. Da können wir uns jetzt schon freuen über all die neuen „Kinder", die neuen Fähigkeiten und psychologischen Meisterschaften, die potenziell ja auch schon in uns sind.

Es wird viele Zwischenstadien geben, in denen viele neue

---

1. Es sind zelluläre Lebewesen, die keinen Zellkern besitzen, ihre DNS befindet sich frei im Zytoplasma. Bakterien sind Prokaryoten. (Die Eukarioten dagegen haben in ihren Zellen einen „echten", durch eine Doppelmembran vom umgebenden Zytoplasma abgegrenzten Zellkern.)

„Spiele" gespielt werden. Denn das zu erreichende Ziel ist immens.

Was auch immer Sri Aurobindo sagt, es betrifft nie die moralische Ebene, sondern zeigt den Weg zu einer umfassenden Transformation. Diese könnte man mit dem gleichen Ausdruck bezeichnen, den die mittelalterlichen Alchemisten für ihre innere Verwandlungsarbeit verwendeten: „Transsubstantiation in reines Gold".[1]

Ein gewöhnliches menschliches Wesen besteht aus zahlreichen unterschiedlichen Elementen, die von seinen Vorfahren, seiner Umgebung, seiner Familie kommen, von seiner Kultur und Erziehung. Alles muss aufgelöst, auf seinen Ursprung zurückgeführt und zu einer Substanz gemacht werden, die wie reines Gold leuchtet, in Resonanz mit dem Universum in seiner Ganzheit.

Wenn Sri Aurobindo z. B. über Reinheit oder Aufrichtigkeit spricht, dann tut er das auf dieser Ebene. Allein die innere, unsichtbare „Kristallisation" verleiht letztlich die psychischen Kräfte, die Jesus mit seiner Aussage meinte: „Wenn ihr zu dem Berge sagt, hebe dich hinweg, so wird er sich hinwegheben."[2] Wenn der psychologische Berg (die Hindernisse, die Schwierigkeiten, die Unbewusstheiten auf dem Weg) sich nicht hinweghebt, so deshalb, weil wir diese absolute Reinheit noch nicht erlangt haben. Ein reiner Kristall gibt einen klaren, glockenreinen Ton von sich, wenn er angeschlagen wird. Er ist eine nie endende Vibration. Wenn der Ton endet, dann nur deshalb, weil die Form, von der er ausgeht, Risse bekommen hat, zusammengesetzt ist oder zerstört wird.

Ist dein mentales Wesen aufrichtig geworden, wird alles, was du denkst, willst oder tust, sich verwirklichen. Doch schon ein einziges Quantum Unreinheit in dir wird das Geräusch eines zerbrochenen Kruges erzeugen und deine Formation zerstören.

---

1. Transsubstantiation = lat. Wesensverwandlung. Die Alchemisten versuchten ihr Wesen psychologisch zu verändern, sprachen aber in Symbolen, von der Verwandlung in Gold.
2. siehe Thomas-Evangelium, Logion 48 und 106.

Die Eroberung der Zeit

Sri Aurobindo hatte schon früh in seinem Leben die Gnosis* (das innere Wissen) erlangt. Sie war immer bei ihm, er selbst verkörperte sie, er brauchte sie nicht zu erneuern oder sich an sie zu erinnern. Aber was die Seligkeit betrifft, erkannte er – wie aus seinen Aufzeichnungen über seine täglichen Übungen hervorgeht[1] –, dass diese nur einen Moment lang dauert und somit ständig erneuert werden muss. Natürlich ist die Seligkeit Brahmans* ewig, ein Ozean der Glückseligkeit. Aber sobald Sri Aurobindo sich in einer Geburt manifestierte, musste er lernen, die Trennung, die das Inkarniertwerden bedeutet, zu transzendieren, um die Seligkeit wiederzuentdecken – von da her die Notwendigkeit einer steten Übungspraxis. Er musste sein Mental, sein Vital und seinen physischen Körper, welche durch und mit Trennungsbewegungen existieren, ja welche ohne dieses Prinzip der Trennung gar nicht sein könnten, dazu bringen, in der Seligkeit zu leben, und zwar, ohne sie als Instrumente der Manifestation zu verlieren.

Die Übung besteht darin, ganz im Moment zu leben, frei von aller Zeit, und nicht in der Entfaltung dieses Momentes, welche die Zeit ist.

Aus der Zeit hinauszugehen ist die Übung für die Seligkeit. Sie ist einerseits leicht, andererseits wird sie schnell unterbrochen durch das Wiedereintauchen in unseren gewöhnlichen Zeitsinn, den gewöhnlichen Ablauf der Zeit, der die Ewigkeit aufhebt.

Die alten Ägypter, die sich des Problems bewusst waren, stellten es, mitsamt seiner Lösung, in einem Symbol dar, dem Shen-Ring.

Der Kreis steht für Ewigkeit, Unendlichkeit.
Die gerade Linie stellt die Zeit dar, in der die meisten Menschen leben, versunken in ihren

---

1. diese Übungen wurden 1986 publiziert in Sri Aurobindo, *Archives and Research*.

Erinnerungen oder ihren Hoffnungen für eine bessere Zukunft, kaum je voll gegenwärtig.

Diese Zeit-Linie ist an einer Stelle mit dem Kreis, der Ewigkeit, verbunden. Diese Verbindungsstelle symbolisiert das Jetzt – diese Sekunde, diesen Atemzug.

Somit besteht die Übung des Shen-Rings darin, da zu leben, wo Zeit und Ewigkeit sich berühren. In dem Moment, wo unser mentales oder vitales oder physisches Wesen diese Verbindungsstelle verliert, muss es neu anfangen, sie zu finden – deshalb die Notwendigkeit einer steten Übungspraxis, die Verbindung aufrecht zu erhalten, oder sie, sobald sie verloren gegangen ist, wiederherzustellen.

Wenn das Ego – das Gefühl der Trennung – die Verbindung stört, ist keine Ewigkeit, keine Seligkeit möglich. Nur die völlige Abwesenheit eines jeglichen Gefühls der Trennung und des Zeitlichen lässt Raum für Seligkeit.

Für das Tier ist es leichter als für den Menschen, mit der Seligkeit verbunden zu sein. Es kennt die Zeit nicht so, wie wir sie erleben und handhaben. Die Mathematik des Trennens und Addierens ist ihm fremd. Ein Frosch kann viele Fliegen fressen (eine Art von Seligkeit für ihn), ohne auch nur ein einziges Mal an die Fliegen von gestern und morgen zu denken. Auch in der modernen Mathematik der Mengenlehre mit den Sets[1] und Relationen existiert kein Addieren. Und die Summe der Elemente eines gegebenen Universums ist immer *eins*.

Die Protozoen [eukaryotische Einzeller] kommunizieren aus der Seligkeit heraus. Sie sehen einzig einen Ozean von Seligkeit. Der supramentale Yoga beginnt mit der Wiedereroberung der „Protozoen-Gnosis": Eine Welt, in der alles gut und absorbierbar ist, wo alles du selbst bist. So sieht Gott das Universum. „Und er

---

1. In der modernen Mathematik ist „Set" das englische Wort für das, was deutsch „Menge" genannt wird, und womit eine bestimmte Ansammlung von Dingen gemeint ist.

sah, dass es gut war", heißt es in der Bibel[1]. Nur Adam war der
Meinung, dass es besser sein könnte. Mit diesem Urteil vertrieb er
sich selbst aus dem Paradies, aus dem Schwingungsfeld der Seligkeit. Eine Feuerwand hindert ihn daran, zurückzukehren. Diese
Feuerwand ist die Zeit, die alles in Asche verwandelt. In einer
mittelalterlichen Hymne heißt es: ... *solvet saeculum in favilla* ...
(löst das Zeitliche in glühende Asche auf). Was aufgelöst werden
muss, ist nicht das Universum, das nichts anderes als Seligkeit ist,
sondern das *saeculum*, das Zeitliche, die Zeithaftigkeit[2], die trennt
und in Bruchstücke zerlegt.

Sri Aurobindo hat es klar ausgedrückt: Der letzte menschliche Sieg und der erste supramentale Sieg ist die Eroberung der
Zeit. Und es ist tatsächlich so einfach, wenn man den Shen-Ring
kennt, der als Symbolbild schon in der ersten Dynastie in Ägypten erschien (quasi wie ein Geschenk).
In Hieroglyphen dargestellt wird „Shen"
mit den Zeichen für
„Feld" [Schwingungsfeld]
und „Schwingung".

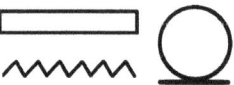

Wir müssen lernen, uns als *einzelne* Schwingung vom ganzen
Schwingungsfeld zu unterscheiden, und doch mit ihm in ununter-
terbrochener Verbindung, in Resonanz zu bleiben, und diese
Verbindung unendlich zu genießen, so wie ein Geigenspieler,
der mit seinem Bogen immer in Berührung mit den Saiten bleibt
und sie dadurch zum Klingen bringt. Dies ist nur ein Bild (unter
vielen möglichen anderen) für die Eroberung der Zeit, die immer
auch eine Eroberung der Seligkeit ist, auf der Schwelle zu einem
neuen Bewusstsein.

---

1. Anspielung auf Bibelstelle: „Gott sah, dass es gut war", 1.Buch Mose
(Genesis) 1: 31
2. Zeithaftigkeit ist ein Ausdruck des Kulturphilosophen Jean Gebser. Er
schreibt: Im magisch-mythischen Bewusstsein lebte der Mensch in *Zeitlosigkeit*, im mentalen Bewusstsein lebt er in *Zeithaftigkeit* (die Uhrenzeit teilt
alles ein), im integralen Bewusstsein wird er in *Zeitfreiheit* leben. Siehe dazu
auch im Glossar unter Zeitfreiheit.

Der Shenring, die ägyptische Hieroglyphe für die „Zeit".

Das Jetzt der Zeit wird verbunden mit dem Jetzt der Ewigkeit.

Quantenphysik und Yoga

Sie haben vieles gemeinsam. Beide gründen auf dem „E" [der Formel A. Einsteins*]. Der Quantenphysiker nennt „E" die „Energie", der Yogi nennt „E" das „Geistige" [engl. Spirit]. Beide Disziplinen erfordern lange und intensive Studien und Beobachtungen. Der Quantenphysiker erlangt dadurch eine völlig neue Sicht der Wirklichkeit, der Yogi erlangt Erleuchtung. Beide betrachten das Universum mit den gleichen Augen wie der gewöhnliche Mensch, doch sehen sie etwas ganz anderes: Das Körperlich-Materielle wird für den Quantenphysiker zur Schwingung, Vibration, für den Yogi wird es zum Geistigen [Spirit]. Der Grundpfeiler der „Quanten-Psychologie" ist die Erkenntnis, dass das Korpuskel sich wie eine Welle verhalten kann, und dass die Welle sich wie ein Korpuskel verhalten kann. Alles ist demnach beides, ist sowohl Korpuskel/Materie als auch Welle/Schwingung. Auch die Menschen sind beides zugleich.

Wenn sie einen Körper haben, sind sie für uns lebendig, wenn sie Schwingung sind, halten wir sie für tot.

Die alten Ägypter versuchten, Körper und Schwingung in allem zugleich zu sehen. Auch wenn ihnen das nur zum Teil gelang, so gibt es doch zahlreiche Bilder, wo die beiden Prinzipien gemeinsam dargestellt sind. Ihre Symbole können uns heute noch vieles lehren.

Hier Beispiele solch ägyptischer Symbolbilder:

Der Baum wächst aus der Schlange: Sie ist ein Symbol für Welle, Vibration, Schwingung, der Baum ein Symbol für Korpuskel, Partikel, Materie.

Hieroglyphe für SEIN: unten Wasser (=Welle, Schwingung), oben eine
Blüte (= Korpuskel, Materie).

Wir sollten uns daran gewöhnen, immer beide Zustände des
Seins wahrzunehmen und sie in uns stets zu verbinden. Das
Bewusstsein, beides zur gleichen Zeit zu sein, ist das, was man
Gnosis nennt.

Die Lichtgeschwindigkeit

Die Anordnung der Galaxien lässt einen an Seifenblasen denken, wobei die Seife das wäre, was alles zusammenhält. Die
Kosmologen schätzen, dass ein großer Teil des Universums aus
solchem „Leim" besteht, den sie „Dunkle Materie" nennen, weil
sie unsichtbar ist. Diese sogenannte „Dunkle Materie" konnte
noch nicht in einem Laboratorium isoliert werden. Doch etwas,
das schon seit Tausenden von Jahren bekannt ist, könnte vergleichsweise an ihre Stelle gesetzt werden: die Leere – ich denke
da nicht an eine materielle, äußerliche, sondern eine innerliche
Leere, die reine Energie ist und keinerlei Eigenschaften aufweist.

Ein häufiger Fehler besteht wohl darin, die Schwerkraft als
eine Eigenschaft der Materie zu betrachten, während sie in Wirklichkeit, wie Einstein sah, eine Verformung des Raums ist.

Die Seifenblase, die den Eindruck erweckt, etwas zu sein, das
wir als Materie bezeichnen, könnte das Produkt einer Energie
sein, die den Raum krümmt und zusammenhält.

Doch von diesem Raum, der im Wesentlichen reine Energie
ist, werden nur seine „Hüllkurven" von Schwäche wahrgenom-

men. Was wir sehen, ist also seine „Schwäche" und nicht seine „Stärke".

Zum besseren Verständnis können wir uns auf das Licht beziehen, dessen Geschwindigkeit reine Energie, reine Körperlosigkeit ist. Wenn es sichtbar wird, geschieht dies durch eine Verringerung seiner Wellen-Frequenz, seiner Energie. Die Lichtwelle verwandelt sich in ein Photon, begrenzt sich als Körper, wird also zu einer Art Schwäche, zu einer Verformung, Krümmung des Raums. Das ist eine alte Geschichte, die wir in den Kammern unserer Teilchenbeschleuniger beobachten können: Lichtspuren, die in der endlosen Nicht-Leuchtkraft auftauchen und wieder verschwinden.

Wir könnten diese physikalischen Erkenntnisse nun mit ontologischen Wirklichkeiten vergleichen: Jemand, der sich in einem leuchtenden Tiefschlaf befindet, kann nicht sagen, wo er ist. Er ist über die Traumwelt hinausgegangen: Er ist überall, er ist im Zustand reiner Energie. So lassen wir jede Nacht unsere Krümmungen, Verformungen, Schwächen zurück und werden für einige Sekunden, für einige Ewigkeiten, reine Energie und Geschwindigkeit – Gefährten von allem, was ist.

Das Supramental: Alles ist mit allem in Resonanz

Das Leben, so wie wir es kennen, ist ein Produkt aller Naturkonstanten wie z. B. der Lichtgeschwindigkeit, der Schwerkraft etc. Und wenn sich auch nur eine dieser Konstanten – sagen wir die Lichtgeschwindigkeit – geringfügig verändern würde, wäre das Leben auf der Erde anders, würde vielleicht nicht einmal existieren, denn alles ist mit allem verbunden, und alles hängt von allem anderen ab. Nicht der Mensch ist das Maß aller Dinge, wie die Griechen es sahen, nein, alles ist das Maß für alles andere. Und hier befinden wir uns auf der Schwelle zu einem neuen Bewusstsein, auf der Schwelle zur supramentalen Welt. Wir können sagen, dass genauso wie das Licht eine Wellenfunktion des

Universums ist, so auch das Supramental eine Wellenfunktion des Universums ist – in diesem Fall eine Resonanzfunktion von allem mit allem. Dies würde bedeuten, dass das Universum eine Ansammlung (ein Set) von Wellenfunktionen ist, die alle miteinander in Resonanz sind, und dass das Prinzip dieser wechselseitigen Resonanz das supramentale Bewusstsein ist.

Wir kennen die Wellenfunktion der *Materie* und wie sie sich zu der sie unterstützenden Energie verhält: $E = mc^2$ (die berühmte Formel von Albert Einstein*). Jede andere Ebene des Seins und Bewusstseins (wie z. B. die des *Subtil-Physischen*, des *Vitalen*, des *Mentalen*, des *Übermentalen*) muss sicher auch ihre entsprechende Wellenfunktion haben, die mathematisch als eine Formel dargestellt werden könnte. Es scheint, dass Sri Aurobindo diejenige des *Supramentalen* entdeckt hat. Einem seiner Schüler, Nirodbaran, schrieb er in seiner typisch humorvollen und treffenden Art und Weise, die wir in seiner Korrespondenz[1] finden: „Wie ein wahrhafter Einstein habe ich jetzt die mathematische Formel dieser ganzen Sache gefunden (unverständlich für jeden außer mir), die ich jetzt, Ziffer um Ziffer, ausarbeite."

Die Formel existiert. Aber wir müssen zuerst fähig werden, die Resonanz, die sie darstellt, in uns zu erwecken, um Sri Aurobindos Forschung zu erneuern und die Gleichung dort aufzunehmen, wo er sie verlassen hat: Im Subtil-Physischen, das voller Intensität schwingt.

---

1. Nirodbaran, *Briefwechsel mit Sri Aurobindo*, Band 1, S. 287

VII

Der Avatar des supramentalen Bewusstseins

Das Supramental – wie es von den Menschen gesehen wird

In der Bibliothek des Sri Aurobindo Ashrams fand ein von der Mutter (Mirra Alfassa) organisiertes Symposium statt; dies anlässlich des Besuchs von Ernst Benz, einem protestantischen Theologen, Universitätsprofessor, Begründer der *Zeitschrift für Religions- und Geistesgeschichte* und einem großen Bewunderer von Sri Aurobindo. Er sprach zu uns von seinem Aufenthalt in Japan, wo er Zen studierte, und über die Japaner, die ihn sehr beeindruckten und die keine Christen sein konnten, weil sie sich dazu von ihrer ganzen Vergangenheit hätten trennen müssen. In dem Gespräch ging es vor allem um Sri Aurobindo, um sein Werk im Allgemeinen und um das supramentale Bewusstsein im Besonderen. Jeder wollte etwas dazu sagen. Vor allem X beantwortete alle Fragen von Herrn Benz und der anderen Gäste zum Supramental.

Später fragte mich die Mutter, als ob sie nichts gewusst hätte: „Worüber haben sie denn gesprochen?" In ihren Augen war ein verschmitztes Lächeln. Während ich das in mir aufsteigende Lachen zu unterdrücken versuchte, antwortete ich ihr: „Sie haben über das Supramental gesprochen." Die Mutter meinte ganz schlicht: „Was wissen sie denn darüber?!"

Dies erinnerte mich an Theresa von Avila, die eine ganz ähnliche Aussage machte über die Erzbischöfe, Kardinäle und Theologieprofessoren ihrer Zeit: „Sie wissen nicht, was der Heilige Geist ist."

Während einer dieser Sitzungen mit Prof. Benz gab Z seiner Befürchtung Ausdruck, dass verschiedene Sekten gewisse Ideen von Sri Aurobindo aufgreifen und für ihre eigenen Zwecke benutzen könnten. Aber das ist nicht möglich – Sri Aurobindo ist zu groß dafür.

Wenn man Sri Aurobindo als eine neue Lehre auffasste, wie viele annehmen, im Sinne von: Sri Aurobindo sagte dieses, Sri Aurobindo sagte jenes, dann ist er einfach einer der Lehrer, die dieses oder jenes gesagt haben.

Wenn man Sri Aurobindo als eine neue Form von Religion auffasst, die aus der übermentalen Bewusstseinsstruktur [dem Overmind] kommt, von wo schon während vieler Jahrtausende immer wieder neue Formen von Religionen gekommen sind, ohne dass sie wirklich etwas verändern konnten, dann hätte Z recht. Es ließen sich durchaus einige Schlüsselworte von Sri Aurobindo verwenden, um damit eine neue religiöse Bewegung zu gründen. Konnten aber all die Heiligen und Märtyrer, ob christlich, jüdisch oder mohammedanisch, die alles für ihr religiöses Ideal geopfert hatten, etwas durch ihr religiöses Leben verändern? Es war all jenen, die bis heute gewirkt haben, nicht möglich, über die irdischen Bedingungen hinauszugehen. Sie mussten sie akzeptieren, mussten die Notwendigkeit und den Hang zur Unwissenheit, zur Unbewusstheit, ja selbst den Hang zum Tod akzeptieren. Das supramentale Bewusstsein aber bringt seine eigene Notwendigkeit mit sich, die eine leuchtende ist.

Wenn man Sri Aurobindo als eine grundlegend neue Energie der Evolution und Transformation wahrnimmt, als eine neue, jetzt in uns erwachende Bewusstseinsstruktur, die er Supramental nennt, dann wird jegliche „illegale" Kopie von Sri Aurobindo ganz unmöglich. Der Vorgang des Kopierens kann nämlich nur mentaler Art sein, das Supramental aber ist – wie der Name schon sagt – *jenseits* oder *über* der mentalen Bewusstseinsstruktur.

Das Wort *supramental*, das von Sri Aurobindo mit seinen Latein-Kenntnissen sorgfältig ausgewählt wurde, sollte nicht verwechselt werden mit dem Wort *super-mental*, das eine vergrößerte, übermäßige Aktivität des Mentals bedeuten würde. *Supra* ist eine Vorsilbe und bedeutet *jenseits* oder *über*. Sie findet sich beispielsweise im Wort „supraterrestrisch", das für etwas steht, das *über* unsere irdische Sphäre hinausgeht. Analog dazu bedeutet *supramental* „über der mentalen Aktivität stehend".

Für das rational-mentale Bewusstsein ist alles entweder gut oder schlecht, groß oder klein. Das supramentale Bewusstsein hingegen bringt eine ganz andere Wahrnehmung des Seins; es löscht das Mental nicht aus, weist ihm aber seinen richtigen Platz zu. Sri Aurobindo hat anstelle von *Supramental* auch den Ausdruck *Wahrheits-Bewusstsein* verwendet. Es eröffnet uns den direkten Zugang zur Wahrheit, ohne über den Umweg des Mentals zu gehen.

Die großen Menschheitslehrer hatten eine Vorahnung von dem, was Sri Aurobindo in die Welt gebracht hat. Jesus sagte: „Jetzt betet ihr auf dem Berge oder in Tempeln *zu* Gott. Es wird aber die Zeit kommen, da werdet ihr im Geist und in der Wahrheit beten... Und die Wahrheit wird Euch frei machen."[1]

Die Befürchtung von Z entstand, weil er Sri Aurobindos Werk als Ideengebäude betrachtete. Eine isolierte Idee kann gestohlen werden. Wovon Sri Aurobindo aber spricht, ist das Supramental als dem Fundament des ganzen Universums, das in allem bereits involviert ist und sich nun evolviert.

Das Supramental ist ganz Schwingung und Frequenz. Es ist eine Energie, die sich nicht in Worte fassen lässt. Als Schwingung werden wir es wahrnehmen. Wenn wir ihm eine mentale Form geben, ist diese nicht mehr *die* Wahrheit, sondern höchstens *eine von vielen* Teilwahrheiten. Jede fixe Form würde uns daran hindern, frei und wahr zu werden. Wie Sri Aurobindo uns gezeigt hat, beginnt sein Yoga dort, wo die anderen aufhören.

---

1. Siehe *Das Neue Testament*, Johannesevangelium 4:21-24 und 8:32.

Der Avatar

Man könnte sagen, der Avatar ist ein göttliches Bewusstsein, das sich in einem Körper inkarniert. Man darf den Avatar nicht mit den Göttern verwechseln. Die Götter sind in der Lage, zu erschaffen; sie identifizieren sich aber nicht mit dem, was sie erschaffen. Der Avatar hingegen steigt vollständig in die Unbewusstheit hinab und identifiziert sich auch mit Unwissenheit und Leiden. Er nimmt es vollständig in sich auf. Genau deshalb ist seine Funktion so kraftvoll. Der Avatar gibt sich ganz hin, er identifiziert sich vollständig, selbst mit der Falschheit – der Falschheit des Leidens.

Es kamen im Laufe der Evolution immer wieder Avatare auf die Erde, so z. B. Jesus, Buddha, Krishna. Sri Aurobindo (1872-1950) und die Mutter (Mirra Alfassa, 1878-1973) sind die letzten Avatare. Das bedeutet aber nicht, dass keine mehr nach ihnen kommen werden, ganz im Gegenteil, es werden noch andere kommen.

Im weitesten Sinne des Sanskritwortes *Avatara* kann jedes Lebewesen als eine Herabkunft und Inkarnation des Göttlichen betrachtet werden. Jeder Schmetterling kann eine göttliche Schönheit offenbaren, jeder zwitschernde Vogel ein Ausdruck der göttlichen Freude sein. Auch jedes menschliche Wesen ist, so gesehen, ein einzigartiger Aspekt des Göttlichen, ein Aspekt, der nur von ihm verkörpert werden kann.

In einem engeren Sinne kann jedes Wesen, welches das göttliche Bewusstsein erlangt, potenziell als Avatar betrachtet werden. Die Literatur des Hinduismus erzählt uns, dass es viele gibt.

In noch engerem Sinne wird in der hinduistischen Tradition von zehn Avataren* gesprochen; diese kommen, um das Leben auf der Erde in seiner Evolution einen Schritt voran zu bringen.

In noch spezielleren Zeiten, wenn sich eine große Wende ankündigt, kommt der Avatar, um einen neuen Impuls zu geben. Dieser ist wie ein neuer Traum, den der Avatar in das Unterbewusstsein der menschlichen Spezies projiziert. Dieser Traum will dann Realität werden. Die Saat keimt und blüht auf: Beim Dichter als Poesie, beim Philosophen als neue philosophische Gedanken, beim Künstler als kreatives Wirken, beim Ingenieur als eine Erfindung, beim Wissenschaftler als eine Entdeckung, bei einer Mutter als ihr Traum von einem goldenen Kind.

Das Unterbewusstsein ist eine Art großer Schmelztiegel. Es ist auch eine Art Abflussbecken, in dem alle menschlichen Regungen, Wesensaspekte, ja alles, was die Menschheit seit Beginn ihrer Existenz erlebt und erfahren hat, zu finden ist.

Die Heiligen, die Weisen, die Asketen sind verantwortlich für das Sauberhalten des Unterbewusstseins. Wenn es allzu verschmutzt ist, wird die Menschheit krank. Von daher die Legende des Herakles, die uns sagt, dass zuerst der Augiasstall (unser Unterbewusstes) ausgemistet werden muss. Auch sind die Heiligen, Weisen, Asketen verantwortlich für die Träume der Menschheit. Das Unterbewusstsein ist ein fruchtbares und äußerst plastisches Medium. Alles kann dort eine Form annehmen – bis eine stärkere Formation diese ersetzt oder transformiert. Es ist das wesentliche Aktionsfeld des Avatars, so wie es Sri Aurobindo in seinem Gedicht *Eines Gottes Arbeit* beschrieben hat.[1]

Wenn der Avatar kommt und etwas Neues ankündigt, können es die Menschen zuerst nicht verstehen. Wie viele unter den Jüngern von Jesus oder Buddha verstanden deren Botschaft?

Wegen des zeitlichen Abstands können wir heute die Veränderungen, die ihr Wirken gebracht hat, sehr gut erkennen.

Zwanzig Jahre lang hat die Mutter jeden Morgen Blumen an ihre Schüler verteilt, oft bis um ein Uhr mittags, und manchmal

---

1. Das ursprünglich englische Gedicht *A God's Labour* [siehe: www.collectedworksofsriaurobindo.com] wurde von Medhananda ins Deutsche übersetzt mit dem Titel *Eines Gottes Arbeit*, siehe dazu das Buch *Flammenworte* (das noch 19 weitere von Medhananda übersetzte Gedichte von Sri Aurobindo enthält), www.medhananda.com.

auch noch abends. Sie versuchte, das neue Bewusstsein auf diese Weise zu übermitteln.[1]

Auch wenn das neue Bewusstsein vielleicht nur für den Bruchteil einer Sekunde jemanden berührt, so kann das schon eine Auswirkung auf den Verlauf der individuellen Evolution haben. Für einen Athleten kann es genügen, die Olympischen Spiele in seiner Disziplin ein einziges Mal mit zwanzig Jahren zu gewinnen, auch wenn er danach seine Leistung nicht wiederholen kann. Eine Balletttänzerin steht nicht die ganze Zeit auf ihren Zehenspitzen – sie macht andere Schritte, die aber als Vorbereitung dienen, erneut auf den Zehenspitzen zu tanzen.

Eine Raupe frisst jeden Tag ihre Blätter. Sie frisst und frisst. Wenn sie dann ihren Körper betrachtet, jammert sie: „Warum ist er immer noch gleich?" Und doch wird sie eines Tages zum Schmetterling werden, denn dieser ist bereits in ihr angelegt. Und so ist auch der nächste Schritt, das neue Bewusstsein, schon in uns angelegt. Es ist bereits in uns involviert – und evolviert zur gegebenen Zeit.

Als ein Tier zum ersten Mal seinen Verstand gebrauchte, anstatt seinen Instinkten zu gehorchen, war das ein ungeheurer Sieg für die gesamte Erde – auch wenn es danach wieder zurückfiel und nur durch seine Instinkte geleitet wurde. Dennoch war ein erster Schritt hin zur Entwicklung des Denkens getan.

Ganz ähnlich verhält es sich mit dem supramentalen Bewusstsein; wenn wir auch nur ein einziges Mal einen „Hauch" davon wahrgenommen haben und danach in unser altes Leben zurückfallen, so hat das doch seine Wirkung. Jener besondere Moment dient dann als Ausgangspunkt für die Entwicklung eines völlig neuen Lebens.

---

1. „Wenn ich Blumen schenke", erklärte die *Mutter* einmal, „so sind sie eine Antwort auf die Aspiration, die aus der innersten Tiefe eures Wesens kommt. … Ich schenke euch Blumen, damit ihr die göttlichen Fähigkeiten, die sie symbolisieren, entwickeln mögt." So versuchte die *Mutter* im Schweigen, über Schwingungen, auf das Bewusstsein ihrer Schüler einzuwirken. Zitat aus dem Buch *The Mother, Flowers and their Messages*, S. VIII und IX.

Sri Aurobindo, der Avatar des supramentalen Bewusstseins

Das grundlegende Material, mit dem der Avatar arbeitet, auf das er einwirkt und das er formt, ist das Bewusstsein*. Doch zusätzlich zum Bewusstsein braucht es auch die Shakti-Kraft. Es ist das erste Mal in der Geschichte der Menschheit, dass ein Avatar zusammen mit seiner Shakti* erscheint. Die Kraft beider, diejenige von Sri Aurobindo und diejenige der Mutter (Mirra Alfassa), bleibt aber für uns unsichtbar.

Die Schwerkraft ist von allen bekannten physikalischen Kräften diejenige, welche auf die größten Distanzen wirken kann – aber wir sehen sie nicht. Ein Sturm oder ein großes Erdbeben sind deutlich sichtbar und offenkundig, und doch sind sie nichts im Vergleich zu der unsichtbar wirkenden Schwerkraft.

In ähnlicher Weise wirkt der Avatar inkognito und schweigend auf das Bewusstsein ein. Es heißt, dass der Avatar kommt, um den ersten Schritt in ein neues Bewusstsein zu machen. Sri Aurobindo hat diesen Schritt in allen Bereichen zugleich gemacht und somit die Tore für ein neues Zeitalter weit geöffnet. Aber Sri Aurobindo ist nicht nur das, er ist auch ganz Mensch und vertritt das Sehnen, die Aspiration der Menschheit und sammelt diese in seinem Wesen zu einem Punkt: Er *ist* diese Aspiration. Er ist beides zugleich: der Ruf von „unten" und die Antwort von „oben"[1]. Einerseits ist er als Avatar des supramentalen Bewusstseins gekommen, aber man könnte auch sagen, dass das supramentale Bewusstsein sich manifestierte, weil Sri Aurobindo es rief, sich nach dessen Verwirklichung auf Erden sehnte. Wie groß seine Aspiration war, lässt sich nicht in Worte fassen.

Supramentale Wesen sind hier auf unserer Erde notwendig, weil es da, bedingt durch die Evolutionsprozesse, so viel Leiden gibt. Wir identifizieren uns mit dem, was transformiert werden muss und fühlen uns wie in einem heftigen Wirbelsturm. Unser psychisches Wesen aber ist davon nicht betroffen.

---

1. vgl. die Fussnote S. 69

Der Mensch braucht diesen Sturm, diesen enormen Druck; er muss ununterbrochen behämmert werden, damit er sich transformiert. Stell dir vor, du hättest einen herrlichen Garten, wo die wunderbarsten Blumen wachsen, genauso wie du sie gerne haben möchtest, und genau dort und von der Art, wie du sie dir wünschst. Da gäbe es aber nicht jene Art Dringlichkeit, jenes Bestreben und Sehnen, darüber hinauszugehen, wie wir es hier fühlen.

Wir erschaffen uns selbst

Es gibt verschiedene Bewusstseins-Stufen oder -Strukturen, und entsprechend gab es in der Evolution verschiedene Zeitalter mit unterschiedlichen Wegen, den einen oder anderen Bewusstseinszustand in sich zu verwirklichen.

Man kann z. B. den Zustand von Sein-Bewusstsein-Seligkeit anstreben, in Sanskrit Sat-Chit-Ananda* genannt, wo alles seit Ewigkeit vollkommen ist, da lässt man sein ganzes „Gepäck" zurück – das ist der Weg ins Nirvana.

Es gibt auch den Weg des Mitgefühls, den Weg Buddhas, das Bestreben, diesem Abgrund an Unwissenheit ein Ende zu setzen, so dass kein einziges Wesen wieder in das Leiden des Unbewusstseins zurückfallen kann.

In der *vedischen Epoche** versuchte man, sich mit dem bewussten inneren göttlichen Zeugen (in Sanskrit „Purusha" genannt) zu identifizieren. Man war ganz auf sich selbst konzentriert.

Dann folgte die Bewegung zum Mitmenschen hin und die Identifikation mit der gesamten Menschheit als einer Manifestation des Göttlichen.

Heute sind wir in einem Zeitalter des schöpferischen Bewusstseins. Wir sind jetzt nicht länger nur das Feld der Schöpfung, sondern auch das Bewusstsein, das erschafft, das Wissen, das kreiert.

Siehst du das?

Im Laufe der Evolution, der großen geologischen Epochen, wird immer alles plastischer. Kannst du sehen, wie plastisch die Dichtung, die Malerei heutzutage geworden ist? Auch die Sprache braucht neue Wörter. Alles ist bereit, das neue Bewusstsein zu empfangen. Wir sind gekommen, um zu erschaffen, die Dinge zu gestalten.

Stell dir einen ganz jungen Planeten vor, wo alles noch in einem Dunst ist, wo die Welten noch vermischt sind. Die materielle Welt ist noch nicht aus dem Ganzen aufgetaucht. Jeder Gedanke, den du denkst, jede Vorstellung, die du hegst, formt den Planeten. Du erschaffst Wesen, die ein Teil von dir sind – aber sie wissen es nicht, sie glauben, unabhängig zu sein. Stell dir vor, da, in deinem Schoß wäre dieser Planet, und alles, was du denkst, was du dir vorstellst und tust, wäre ein Schöpfungsakt in ihm, es wäre dein Planet, dein Wesen.

Das gilt für jeden von uns. Wir sind daran, *uns* selbst zu erschaffen. Das ist sicher einen Versuch wert.

Evolution ohne Ende

Die *fünfte Mutter**, von der Sri Aurobindo spricht, die *Mutter der Seligkeit*, hat sich noch nicht in der irdischen Atmosphäre manifestiert. Es gibt viele solcher Kräfte, die oberhalb der mentalen Bewusstseinsebene existieren, über die etwas auszusagen uns noch nicht möglich ist, weil sie sich noch nicht auf der Ebene des menschlichen Mentals gezeigt haben, und wir sie daher weder zu begreifen noch zu benennen vermögen. Wir kennen Weisheit, Harmonie, Stärke, Liebe, aber es existieren andere Kräfte in hohen Bereichen des Seins, die für uns noch unerforscht bleiben. Dazu gehört zum Beispiel die absolute Freiheit des Bewusstseins, die absolute Freiheit der Bewegung. Uns, in der physischen Welt, scheint die Freiheit nur dem Transzendenten angehören zu können; und doch sind das Atom, der Stern, die Sonne auch frei, obwohl wir sehen, dass sie durch einen festgelegten Mechanismus[1] gesteuert werden. Nur der Mensch fühlt sich nicht frei. Dafür muss es einen Grund geben.

Der Tropfen, der zugleich das Ganze ist

Unser Körper ist aus Zellen gebildet. Jede unserer Zellen hat ihr eigenes Bewusstsein, aber jede nimmt auch Teil am Leben des Ganzen. Wenn du traurig bist, sind auch deine Zellen traurig. Als Individuen sind wir alle wie Tropfen, jeder im anderen sich reflektierend, und als Tropfen ist jeder von uns nur etwa ein Billionstel des Ganzen – dies ist aber nur ein Aspekt. Wenn man die Dinge auf die eine Weise betrachtet, ist man der Tropfen; sieht man sie auf eine andere Weise, ist man das Ganze.

Bis heute war es so, dass, wenn man etwas Bestimmtes war, man nicht auch das andere sein konnte. Im supramentalen Bewusstsein aber wird man beides zugleich sein können. Zur gleichen Zeit ist man die vielen Tröpfchen und auch das ganze Meer. Es gibt nur *ein* Sein, das sich aber in Tausenden von Tröpfchen reflektiert, ein Sein, das sich hier als sich selbst erfährt. In dir erfährt es sich als Name und als Form; Billionen von Tropfen reflektieren sich gegenseitig in dieser Weise. In der supramentalen Wirklichkeit werden diese zugleich auch als der *eine* große Tropfen wahrgenommen; ein ganzer Ozean, das ganze Universum.

---

1. vgl. Mechané im Kapitel *Auf dem Sonnenberg – Ahana*, S. 51

VIII

Das supramentale Bewusstsein

Das supramentale Bewusstsein und die Eroberung der Zeit

Das Mental ist der Sklave der Zeit. Das Supramental aber ist der Spielgefährte desjenigen, der die Zeit erobert hat.

Die Leute nehmen an, die supramentale Verwirklichung liege in der Zukunft. Aber das Supramental ist *jetzt*. Es ist ein Bewusstseinszustand, der die Vergangenheit und die Zukunft miteinbezieht, es ist immer „jetzt".

Es ist „jetzt" in der Höhle des Cro-Magnon-Menschen, und es ist „jetzt", wann immer ein menschliches Wesen die Zeit erobert. Alles, was „nicht jetzt" ist, ist sich seiner supramentalen Dimension nicht bewusst.

Das Supramental war bei allen großen Anfängen als „Jetzt" gegenwärtig, und es wird bei allen großen Enden als „Jetzt" gegenwärtig sein. Es ist „Gegenwart, die sich verewigt".

Einssein ohne Grenzen

Frage: Letzte Nacht träumte ich vom Einssein, das noch nicht manifestiert ist.

Wenn man die direkte Erfahrung von etwas hat, kann man sie nicht in Worte fassen.

Es ist das Supramental, das Bewusstsein des Einseins von allem mit allem, das zuvor noch nie die Erde direkt berührt hat. Wollte man früher das Einseins leben, musste man sich vom weltlichen Bewusstsein zurückziehen, woanders hingehen (in die Einsamkeit der Wüste, des Himalayas, einer Höhle…) – jetzt aber ist „Einsein" überall möglich. Die Auswirkungen davon werden überall spürbar sein. Nicht nur Yogis und Heilige werden sie spüren. Ich will damit nicht sagen, dass jedermann nun plötzlich ein Yogi sein wird. Aber ein neues Bewusstsein durchdringt jetzt alles, und es wird sich in vielen Bereichen manifestieren: In der Kunst, der Wissenschaft, den sozialen Beziehungen, der Erziehung … und sogar in der Spiritualität.

Wie nimmst du die Menschheit wahr? Als eine Vielzahl getrennter Individuen oder als *ein* einziges lebendes Wesen? Suchst du nach Erlösung deiner kleinen persönlichen Seele? Sri Aurobindo hat es ganz klar gesagt: Man soll den Yoga nicht für sich selbst praktizieren, sondern für das Eine, das Ganze. Und das ist neu.

Wenn jemand neben dir wütend wird, ist das jetzt in dir oder außerhalb von dir? Wir versuchen, es außerhalb von uns zu halten, weil wir uns nicht damit identifizieren wollen, doch etwas in uns weiß, dass es Teil unserer eigenen Transformationsarbeit ist.

Buddha sagte: „Wer es nicht zulässt, dass Ärger oder sonst eine unerwünschte Kraft sich durch ihn ausdrückt, den nenne ich einen Wagenlenker." Doch selbst, wenn der Ärger äußerlich nicht ausgedrückt wird, mag er sich innerlich manifestieren. In einer transformierten Welt jedoch gibt es nicht einmal mehr die Möglichkeit, eine innere Ärger-Welle zu verspüren.

Wichtig dabei ist, sich den unteren Bewusstseinsebenen hinzuwenden. Es gibt keinen anderen Ausweg für uns. Jeder von uns repräsentiert eine Unmöglichkeit, die es umzuwandeln gilt. Und die primitivsten Instinkte sind als Erstes zu erobern.

Früher konnte man sagen: „Das Leuchten der Sterne, das bin ich", aber angesichts all der menschlichen Bosheit sagen zu können: „Diese Bosheit, die bin auch ich", das ist wirklich neu.

Die Welt der Wahrheit

Die Welt der Wahrheit kann nicht anders als unendlich sein. Die Wissenschaft versucht – wie eine Spinne –, mit mentalen Konstruktionen ein Netz um sie zu weben, indem sie so viele Knotenpunkte wie möglich in eine Formel zusammenfasst – und ist dann überrascht, wenn das Netz nicht hält.

Die großen Entdeckungen der Wissenschaft geschehen durch Intuition und Identifikation und werden erst danach wissenschaftlich geprüft und aufgearbeitet. Es wäre durchaus möglich, die Geschichte der Wissenschaft anhand der Intuitionen und Identifikationen, die zu den jeweiligen Entdeckungen führten, neu zu schreiben. Hier seien nur drei Beispiele erwähnt.

Der Chemiker August Kekulé forschte nach der Struktur des Benzol-Moleküls; er fragte sich, wie dessen Kohlenstoff- und Wasserstoff-Atome wohl angeordnet seien. Da hatte er einen Traum von einer Schlange, die sich in den Schwanz beißt – einen Kreis bildend –, so wie man es in alten ägyptischen oder alchemistischen Bildern sieht. Das gab ihm den intuitiven Hinweis, dass die Anordnung der Atome ringförmig sein könnte, was sich später dann wissenschaftlich bestätigte.

Der Physiker Albert Einstein identifizierte sich mit einem Lichtstrahl, und diese Identifikation führte zur Relativitätstheorie. Das heißt, nach dieser Identifikation war für ihn der ganze Rest des Universums relativ. Aber für den Lichtstrahl existiert Relativität nicht – er ist absolut.

Der Mathematiker Georg Cantor identifizierte sich mit der Unendlichkeit – und fand heraus, dass es viele Unendlichkeiten gibt.

Im neuen, integralen Bewusstsein identifiziert man sich mit allem, dem man im alltäglichen Leben begegnet, und das führt zu der Entdeckung, dass alles, ohne Ausnahme, das unvergängliche, wahre Selbst, die unendliche, universale, allem immanente Wirklichkeit ist – das, was in der hinduistischen Psychologie Brahman genannt wird.

Missklang und Harmonie

Während langer Zeit glaubten die Leute, dass J. S. Bachs Musik allzu simpel sei. Erst später merkte man, wie reich und komplex sie ist. Bach komponierte unmögliche Disharmonien und löste sie dann in Harmonie auf. Es gibt keine Disharmonie, die er nicht auflösen konnte.

Man könnte eine Parallele ziehen zwischen Bach mit seiner Fähigkeit, alles zu harmonisieren, und Sri Aurobindo mit seinem neuen Zeitbewusstsein. In der supramentalen Zeitfreiheit wird jede Disharmonie zugleich mit der Harmonie wahrgenommen, die sie auflöst. Harmonie ist der Grund, warum Disharmonie existiert – auf dass dadurch eine höhere, umfassendere, reichere Harmonie erreicht werde.

In der gewöhnlichen Auffassung von Zeit, mit der wir heute leben, erfahren wir Disharmonie, ohne zu erkennen, dass sie, ob in diesem Leben oder später, aufgelöst werden wird. Im neuen zeitfreien Bewusstsein aber *wird* sie nicht nur aufgelöst werden, sie *ist* schon aufgelöst.

Je größer die Disharmonie, desto höher, subtiler und kraftvoller ist die Harmonie, welche die Disharmonie auflöst.

Über das Karma hinausgehen

Der *Jivanmukta*[1], der befreite Mensch, ist nicht länger dem Karma unterworfen. Er ist befreit von allen Programmen, Pflichten, Vorschriften, von allem, was er sein oder tun sollte. Er kreiert in jedem Augenblick sein eigenes Programm.

Karma, im höchsten Sinn, repräsentiert die Bedingungen, die man sich selbst auferlegt hat – die das Eine sich auferlegt hat.

Karma ist, wie wenn man einen Ball gegen eine Wand wirft: Er kommt zu einem zurück. So geschieht es normalerweise, im gewöhnlichen Bewusstsein. Es ist aber möglich, Karma in eine Art Traum umzuwandeln, aus dem man erwachen muss. Wenn wir in ein höheres Bewusstsein erwachen können, existiert der Ball, den wir geworfen haben, nicht mehr. Er ist Illusion geworden.

Das Wahrheits-Bewusstsein kann auf diese Weise die Bedingungen ändern und verhindern, dass der Ball zu uns zurückkommt, wenn es das ist, was wir wollen. Die Konsequenzen aus dem Werfen des Balls erreichen uns dann nicht mehr.

Das Supramental und der Zen-Buddhismus

Wenn ein Avatar auf die Erde kommt, bringt er immer eine Befreiung mit sich, eine neue und größere Freiheit. Aber die Menschen verkleinern diese wieder, stutzen sie auf ihre eigenen Vorstellungen von Freiheit zurecht.

Der Avatar öffnet all die psychologischen Türen und Fenster unseres Bewusstseins. Nie verschließt er welche.

---

1. Sri Aurobindo hat ein Gedicht *Jivanmukta* geschrieben [siehe englische Originalversion www.collectedworksofsriaurobindo.com].

Medhananda hat es (sowie 19 weitere Gedichte von Sri Aurobindo) ins Deutsche übertragen, siehe das Buch *Flammenworte* (erhältlich bei www.sabda.in).

In der Tat braucht man nur ein Fenster zu öffnen, und das ganze Universum versucht, dort zu uns hereinzukommen. Die Zen-Buddhisten, wie auch die alten Ägypter, verwenden als Symbol für das Universum die buntgescheckte Kuh. Der Zen-Meister sagt von ihr: „Sie kann ihre zwei Hörner und ihre vier Beine durch die Fensteröffnung bringen, nicht aber ihren Schwanz." Die Zen-Geschichte endet hier. Sie gibt keine Erklärung zur Bedeutung der zwei Hörner, der vier Beine und des einen Schwanzes. Es handelt sich um ein Koan, und zu einem Koan gibt es keine vorgefertigten Erklärungen – jeder muss sie für sich selbst finden.

Unsere persönliche Deutung lautet: Was wir mit unserem Bewusstsein aufnehmen können, sind die *Dualitäten,* bzw. *Polaritäten* des Seins (die *zwei* Hörner) und die *Vielheit* des Seins (die *vier* Beine). Das *Eine* jedoch (der *eine* Schwanz), die allesdurchdringende *Einheit des Seins,* können wir noch kaum wahrnehmen, dafür ist unser Bewusstseins-Fenster noch zu klein.

Auch Sri Aurobindo spricht vom Tierschwanz, als einem Symbol. Ebenso finden wir ihn bei den alten Ägyptern dargestellt; der Schlangenschwanz gehörte zur zeremoniellen Kleidung des Pharaos[1].

Sri Aurobindo sagt uns, er habe „das Supramental am Schwanz erwischen können". Wir könnten das als einen Scherz auffassen, wenn er es nicht mehrere Male wiederholt hätte; und selbst Scherze können tiefe Wahrheiten enthalten.

Das Supramental kann nicht jemand anders sein, es ist nicht etwas von uns Getrenntes. Es ist in uns zu finden. Daraus folgt, dass jeder von uns üben muss, es am „Schwanz zu erwischen", d.h. sich mit der *Einheit des Seins* zu verbinden, sich an die innere Führung zu klammern, an seinem höheren Programm festzuhalten, und dadurch Meister seines Seins, seines eigenen Schicksals zu werden.

In der Tat kann der einzige Weg, das Supramental zu erwischen und zu halten, nur über das Wahrnehmen des *Einsseins von*

---

1. vgl. Bild auf Seite 16

allem mit allem führen: Das Supramental ist nichts Korpuskulares, sondern reine Schwingung. Indem wir all unsere verschiedenen Seinsweisen, unsere vielen Bewusstseinsebenen wahrnehmen und sie integrieren, nehmen wir Besitz von unserer Wahrheit, die ganz Schwingung ist, die unser Kraftfeld der Manifestation und auch der Schlüssel zu unserer Transformation ist.

Der Triumph der Natur

Die Natur geht erbarmungslos um mit dem Individuum, ist aber dem Leben als Ganzes gegenüber wohlwollend. Das Leben war der erste Triumph der Natur. Die strenge Selektion des Menschen geschah während der Eiszeiten mit ihren enormen Klimawechseln. Bei diesem Vorgang hätte damals jegliches Dazwischentreten mit der Absicht, die zum Sterben Bestimmten zu retten, das Gleichgewicht des Ganzen gestört.

Der nächste große Triumph, den die Natur vorbereitet, ist: *Homo supra-materialis, supra-natura, supra-vitalis, supra-mentalis, supra-temporalis,* der sein Bewusstsein *continualiter* aufrechterhält. All das meint Sri Aurobindo, wenn er von einer wahrheitsbewussten Menschheit spricht.

ES

Da ist keine Form. Alles ist vibrierende Schwingung. Es ist ein unendlich weiter Ozean voller Licht und Entzücken, in welchem du das Zentrum bist, von dem alle Wellen ausgehen, und in dem du zugleich auch das empfangende Zentrum bist, in welches alle Wellen hineinlaufen. Und du bist auch jede Welle selbst. Es ist nicht eine Welle an der Oberfläche, sondern eine Welle im ganzen Raum und in allen Dimensionen zugleich, auch in der Vergangenheit, Gegenwart und Zukunft, die sich ausbreitet, um sich selbst wiederzuentdecken. Wichtig ist, in diesem Ozean zu sein.

Um sich als ein supramentales Wesen, ein Wesen, das ganz in der Wahrheit steht, zu inkarnieren, muss man zuerst dieser Ozean des Lichts, dieses leuchtende Schwingungsfeld sein, in das es eingehen kann, wie ein Fisch aus Licht.

IX

Mögliche nächste Schritte

Aus einem Interview in der Sri Aurobindo-Bibliothek

Medhananda: Sehr früh in meinem Leben erlebte ich das, was man hier im Ashram eine psychische Erfahrung nennt, eine Erfahrung, in der man sein *psychisches Wesen** entdeckt. Und für mich …

Meinen Sie die Seele?

Nun, das Wort Seele wird hier im Ashram eher in dichterischer und sehr weiter Weise verwendet. Aber Sie können es Seele nennen. Und Menschen mit psychischen Erfahrungen wissen, was damit gemeint ist, sie können diesen psychischen Zustand beschreiben, sie wissen es, wenn sie ganz in ihrem psychischen Wesen leben.

Glauben Sie, das realisiert zu haben?

Ja.

Haben Sie das Gefühl, oft darin zu leben, oder kommt und geht dieser Zustand?

Ich denke, dass jedes Mal, wenn ich mich „zurücklehne" und in meinem psychischen Wesen sein möchte, ich darin sein kann.

Gibt Ihnen das ein spezielles Gefühl?

Es gibt das Gefühl von Unabhängigkeit, von Freiheit und Freude und auch von anderen Dingen, wie zum Beispiel von Kraft und innerer Gewissheit. Aber das eigentliche Kennzeichen des psychischen Wesens ist Freude. Jedes Mal, wenn man eine große Freude empfindet, eine Freude, für die es keinen materiellen und auch keinen anderen Grund gibt oder etwas in dieser Art, wenn man einfach voller Freude ist, lebt man in seinem Freudenkörper, im *Ananda-maya-kosha**, wie ihn die Inder nennen.

Menschen im Westen, welche diese Erfahrung machen, wissen in solchen Momenten gar nicht, dass sie eine spirituelle Erfahrung haben. Sie fühlen sich einfach von Freude erfüllt und wissen nicht warum. Sie haben nicht gelernt, wurden nicht darauf aufmerksam gemacht, dass Freude eine sehr wichtige religiöse und spirituelle Erfahrung ist, weil die Entwicklung der westlichen Religionen schon sehr früh, im Mittelalter, eine merkwürdige Wendung nahm; das Leiden wurde als der nächstliegende und schnellste Weg zu Gott betrachtet. Doch Gott ist die Freude. Und der Freudenkörper (Ananda-maya-kosha), den er uns gab, ist ein glorreicher Körper, der nur Freude empfinden kann. Wenn man in diesem Körper lebt, kann einem nichts passieren.

Haben Sie dabei irgendeinmal das Gefühl gehabt, frei von Leben und Tod zu sein? Oder von der Identifikation mit den Dingen? Hatten Sie je das Gefühl einer solchen Freiheit?

Ja natürlich. In dem Moment, wo man wirklich in seinem psychischen Wesen ist, fühlt man diese Befreiung – fühlt, dass man in keiner Weise mehr abhängig ist von einem physischen, vitalen oder mentalen Körper. Der Freudenkörper ist ein Feuerkörper.

Jesus sagt: „Wer mir nahe ist, ist dem Feuer nahe."[1] Es ist uns keine andere Aussage von ihm über die Seele, das psychische Wesen erhalten geblieben. In keinem der vier synoptischen Evangelien finden wir eine Stelle, wo Jesus erläutert, was Seele ist. Aber hier im Thomas-Evangelium sagt er, dass sie Feuer ist. Diese Seelen-Flamme, diese Seele der Freude ist unser psychisches Wesen. Damit ist eine ganz bestimmte Ebene des Seins und Funktionierens gemeint; es ist wichtig, diese zu entdecken, wenn man „den Tod nicht mehr kosten will", wie Jesus sagt.[2]

Wäre das ein Zustand, wo man frei von jeglicher Bindung an dingliche Phänomene ist?

Ich würde sagen, dass die Freiheit von Dingen eine mentale Verwirklichung ist. Es ist eine Art, sich von seinem physischen und vitalen Körper zu lösen, indem man lernt, sich nicht mit ihnen zu identifizieren. Es ist eine negative Art und Weise, sich von ihnen zu lösen.

Aber bringt es Ihnen dieses Gefühl?

Es wird einem schließlich auch diese Befreiung bringen und die Fähigkeit, in seinem höchsten Körper zu leben. Aber es ist nicht nötig, diesen negativen Weg zu gehen und sich ständig zu sagen: „Nein, du bist nicht dies, du bist nicht das." Stattdessen gibt es den positiven Weg, seinen Freudenkörper zu entdecken, und in diesem Zustand ist alles: *tat vam asi*[3] „du bist das" – du bist jenes, du bist alles.

---

1. Siehe *Das Thomas-Evangelium*, Logion 82
2. Siehe *Das Thomas-Evangelium*, Logion 1 oder 18, 19, 85
3. *Tat vam asi* ist ein Sanskrit-Ausdruck, ein Mahavakia (großes Wort), das eine Übung der Identifikation enthält. Auch Jesus hat solche Mahavakias gesprochen: z. B. Ich bin der Weg, Ich bin das Licht, Ich bin die Wahrheit – lauter Identifikationsübungen, die uns helfen können, das Bewusstsein des Einsseins zu erlangen.

Aber gab es in Ihrem Bewusstsein eine Verwirklichung, frei von allem zu sein?

Sicher, in dem Moment, wo man auf dieser Ebene des Gewahrseins, auf dieser Ebene von Sein, Bewusstsein und Seligkeit lebt, führt man nicht mehr ein materielles, vitales oder mentales Leben.

Dann würden Sie also sagen, dass Sie frei von der Zeit sind?

Ja, man ist frei von Zeit, man weiß, dass man unsterblich ist, man ist eins mit der Freude.

Und Sie haben das erfahren?

Ja.

Das ist wunderbar.

Nun, das Ziel des Yoga ist es, eins mit dem Göttlichen zu werden, nicht wahr? Und viele Menschen, in verschiedenen Zeitepochen, haben das Göttliche in unterschiedlicher Weise erfahren und beschrieben: Gott ist Weisheit, Gott ist Liebe, Gott ist Macht… Man kann sich dem Göttlichen auf irgendeiner dieser Ebenen, mit Hilfe irgendeiner dieser seelischen Kräfte nähern. Für mich ist die höchste Ebene, mit ihm eins zu werden, die Freude. Das ist nicht eine bloß mentale Sichtweise, es ist eine reale Erfahrung; man lebt in einem „Körper", der allein Freude fühlt.

Gibt Ihnen das ein großes Gefühl der Leichtigkeit, der Entspannung?

Ja, Leichtigkeit und Gelassenheit, und ich glaube, es kann einem auch all die anderen yogischen Vollkommenheiten geben, obwohl ich damit nicht sagen will, all jene schon verwirklicht zu haben.

Ja.

Einfach, indem man in der Freude lebt.

Es führt einen in seiner Entwicklung immer mehr zu ihr hin.

Ja, man wird mehr und mehr zu „Dem".

Sich dessen in einer mentalen Weise bewusst zu werden, ist wohl eine von vielen Möglichkeiten, sich der Freude bewusst zu werden und sie zu realisieren versuchen. Dieser mentale Weg ist aber nicht negativ zu werten, oder?

Man muss aber über diese mentale Erkenntnis hinausgehen in den höchsten Körper; man muss das Mental überschreiten. Und natürlich gibt es dazu Methoden. Das Mental ist eine große Sache und enthält ganz verschiedene Stufen. Sobald man diese alle kennt, das mechanische Mental, das Denk-Mental, das höhere Mental, das intuitive Mental, kann man diesen großen mentalen Bereich wie auf einer Stufenleiter hochklettern. Aber dann muss man einen Sprung machen – einen Sprung in etwas, das nicht mehr das Mental ist.

Ins Unbekannte.

In diesem Moment ist es für das Mental nicht nur das Unbekannte, sondern es ist auch sein Ende. Es wird dir sagen: „Bis hierhin kann ich dich begleiten, wenn du aber noch weiter gehen willst, musst du das ohne mich machen. Mit dem Mental kannst du nicht weiter höherklettern."

Der Grund, weshalb ich danach frage, ist folgende Überlegung: Wenn man im Mental funktioniert, dann geht man, wie Sie schon gesagt haben, durch verschiedene mentale Fähigkeiten hindurch und kann schließlich über diese Stufen hinausgelangen in etwas, das jenseits von ihm liegt. Aber kann man dahin statt über die Stufen des Mentals nicht auch direkt vom Vitalen her gelangen?

Ja, sicher.

Wenn ein Mensch eine hohe Ebene der Verwirklichung jenseits des Mentals und Vitals erfahren hat, aber seine Instrumente – sein mentaler und vitaler Körper – noch nicht ausreichend transformiert sind, könnte er diese Erfahrung oder diesen Zustand der Verwirklichung wohl nicht lange aufrecht halten, oder? Er müsste diese hohe transzendente Seins-Ebene verlassen und in das gewöhnliche Bewusstsein herunterkommen, oder er müsste indirekt weiterarbeiten, um diese Seins-Ebene erneut zu erreichen und darin zu bleiben (in der Verbindung mit seinem physischen Körper), aber seine mentalen und vitalen Instrumente wären dabei nicht sehr effektiv, um mitteilen zu können, was er weiß und erfahren hat. Darin wäre er sehr eingeschränkt.

Ich glaube, die Erfahrung der höheren Ebenen kann ganz unabhängig von dem sein, was man auf den unteren Ebenen auszudrücken vermag. Man kann also eine spirituelle Erfahrung haben, aber nicht fähig sein, sie auf mentale Art und Weise auszudrücken. Es gibt viele solche Beispiele in der Geschichte der Yogis und Mystiker, von Einsiedlern, die in der Wüste lebten und sich weigerten, irgendetwas zu sagen. Das will nicht heißen, dass sie keine Erfahrungen gehabt hätten; sehr häufig ist es die Höhe ihrer Erfahrungen und der Mangel an mentalen Mitteln, sie auszudrücken, was sie schweigen lässt.

Oder dann haben sie das Gefühl, dass, wenn sie darüber sprechen würden, es nur eine Entstellung der Wahrheit wäre.

Ja, jede Formulierung ist im Grunde bereits eine kleine Entstellung der Wahrheit. Man kann das Unendliche und Ewige nicht mental ausdrücken, ohne es zu schmälern, es auf irgendeine Art zu begrenzen, es herabzusetzen, zu deformieren. Aber ich denke, dass ein gut entwickeltes mentales Wesen fähig sein sollte, die Erfahrung, die es auf einer höheren Ebene hatte, auf eine individuelle Art mental auszudrücken. Das macht ja das spirituelle Leben auch so interessant. Es gibt so viele verschiedene Möglichkeiten, es auf der mentalen Ebene auszudrücken: In der Dichtung, im Schreiben von Geschichten, in der Philosophie, in der Musik, der Malerei, der Architektur – das sind alles Möglichkeiten, eine spirituelle Erfahrung auszudrücken. Man muss kein Philosoph oder Dichter werden, aber man kann es sein; dann ist man in der Lage, es auf eine auf eine erfreuliche Art und Weise auszudrücken, so dass andere von der Erfahrung profitieren und lernen können.

Ist es möglich, dass Leute im Vorbeigehen – im Dschungel oder in der Wüste oder auf den Bergen oder in einer Stadt – jemandem begegnen, der aussieht, als hätte er keine Entwicklung durchgemacht, der aber in unendlicher Freude dasitzt, nicht fähig, diese jemandem mitzuteilen. Ist das möglich?

Ja. Es gibt die schöne Geschichte im Evangelium, wo Paulus in einem Brief an die Philipper schreibt: „Freut euch allezeit ... Noch einmal sage ich: Freut euch". Und ein drittes Mal erwähnt er die Freude im gleichen Brief.[1] Offensichtlich war es für Paulus schwierig, diese Freude, die er fühlte, in Worte zu fassen. Anderes konnte er gut ausdrücken, aber diese Freude auszudrücken ist schwierig.

Wenn ein Mensch eine hohe Ebene verwirklicht hat und weiß, dass er unsterblich und frei ist, kann er dann früher oder später Meisterschaft über die Kräfte erlangen, die dem gewöhnlichen Menschen unbekannt sind, Kräfte, durch die er die physische Welt oder die vitale oder die mentale Welt zu beeinflussen vermag und Ereignisse bestimmen kann, wie sie das Göttliche selbst bestimmen würde? Kann er zu einem

---

1. Siehe *Das Neue Testament*, Briefe des Apostel Paulus, Der Brief an die Philipper 2:18 und 3:1 und 4:4

Instrument werden, kann er eine besondere Kraft erlangen, z. B. die Kraft des Heilens? Glauben Sie, dass ein Individuum, das diese Stufe erreicht hat, in seiner weiteren Entwicklung in der Evolution solche Kräfte besitzt und ausübt?

Ja. Aber ich denke, dass es ein bisschen komplizierter ist, als wir uns das vorstellen. So wie es nicht immer der Fall ist, dass ein Mensch mit einer spirituellen Erfahrung sich auf der mentalen Ebene auszudrücken vermag, so trifft es auch nicht zu, dass er immer über vitale Kräfte verfügt.

Die Kraft des Heilens ist eine schöne Kraft, aber sie ist eine vitale Kraft; und wenn man auf der vitalen Ebene nicht prädestiniert ist, diese Kraft zu haben, ist es nicht notwendigerweise so, dass sie einem lediglich durch psychische Erfahrungen gegeben wird. Man kann sie natürlich entwickeln, mag sie erlangen, wenn man den Wunsch dazu verspürt und die Aspiration da ist; das ist möglich. Doch im Allgemeinen sind Menschen, die über Heilkraft verfügen, solche, die vorwiegend auf der vitalen Ebene funktionieren. In allen möglichen Völkern und Stämmen kann man große Heiler treffen: In Afrika, in Polynesien, in Neu Guinea ...; und vielleicht findet man sie unter diesen sogenannten primitiven Völkern eher als unter Menschen, die zu neunundneunzig Prozent auf der mentalen Ebene leben, wie die Europäer oder Amerikaner. Man findet in fast jedem Dorf Afrikas, Südamerikas oder Indiens einen Heiler. In Europa oder Amerika jedoch sind sie viel seltener.

Das weist darauf hin, dass die Entwicklung des Mentalkörpers die Tendenz hat, bremsend auf die Fähigkeiten des Vitals zu wirken.

Ja, ich denke, wir alle durchlaufen in unserem Leben in gekürzter Form die Entwicklungsstadien der Evolution; zuerst entwickeln wir unser emotional-vitales Wesen, dann kommt eine Zeit, in der wir dieses beiseitelegen, um uns ausschließlich auf die mentale Entwicklung, auf ein mentales Leben zu konzentrieren. Dieses

Stadium wirkt dann natürlich bremsend auf die weitere Entwicklung des Vitals, zumindest, solange man sich ausschließlich auf der mentalen Ebene bewegt. Wenn man nun aber eine spirituelle Erfahrung hat, kann diese Bremse auch wieder wegfallen, und dann – vor allem, wenn eine spezielle Aspiration dafür da ist –, kann man diese vitalen Kräfte erlangen.

Das will aber nicht heißen, dass jemand mit einem hoch entwickelten Intellekt die vitalen Kräfte nicht auch bekommen kann, nicht wahr?

Nein, so ist es nicht, doch ist es nicht sehr wahrscheinlich, dass er die vitalen Kräfte bekommt, weil er so sehr mit dem mentalen Spiel beschäftigt ist.

In anderen Worten, Gewohnheiten des Bewusstseins?

Gewohnheiten des Bewusstseins. Aus diesem Grund ist die Fähigkeit zu heilen unter Ärzten so selten anzutreffen. Es ist fast so, als könnte man nicht Medizin studieren, ohne diese Fähigkeiten, die man vielleicht als Kind noch hatte, zu verlieren – zumindest bis zu einem gewissen Grad.

Ja, weil diese Fähigkeit aus dem vitalen Bewusstsein kommt; und dieses vitale Bewusstsein benutzt den Verstand nicht in der Weise, wie wir es tun. Das ist sehr interessant. Würden Sie sagen, dass das Vital eher von Gefühl, Wunsch, Liebe bestimmt ist?

Das Vital verfügt gewiss über ganz wunderbare Kräfte, die dem mentalen Wesen rätselhaft sind.

Aber die kommen dann wohl aus dem höheren vitalen Bewusstsein, nicht dem niederen Vital …

Ja. Die Fähigkeit zu heilen ist eine sehr schöne, fast würde ich sagen, eine engelhafte Kraft des vitalen Wesens.

Ist es für jemanden, der vom niederen Vital beherrscht wird, möglich zu heilen?

Ich glaube nicht, dass solch ein Mensch heilen kann. Er mag vielleicht fähig sein, das Gegenteil zu tun: Einen Fluch auf etwas zu werfen. Will man aber heilen, muss man die zu heilende Person in sich aufnehmen. Das heißt, man muss über ein sehr weites vitales Wesen verfügen, das fähig ist, jemanden in sich aufzunehmen. Das ist dann *Weiße Magie,* im Gegensatz zur *Schwarzen Magie.* Die Schwarze Magie wirft eine verfluchende Kraft gegen jemanden, die Weiße Magie aber kennt kein Gegenüber. Der Heiler hüllt den anderen in seine Liebe, seine Sympathie, nimmt ihn in sein Bewusstsein auf, so wie eine Mutter ihr Kind zu sich nimmt und es dadurch heilt.

Den anderen in sich aufnehmen. Will das heißen, dass der Heiler vom speziellen Charakter der Krankheit „verunreinigt" wird?

Nein, nicht notwendigerweise. Da gibt es Schutz. Je mehr man über die vitale Welt lernt, desto mehr lernt man auch, wie man sich schützen kann. Und es ist sehr leicht, einen Schutzmantel oder eine Schutzwand um sich herum zu bauen und dann weiter in die vitale Welt vorzudringen, um dort zu arbeiten, zu heilen. Ich denke, das Erste, was ein Heiler zu lernen hat, ist, sich selbst zu schützen.

Was Sri Aurobindo lehrt, enthält nicht diese Art von Gedanken, obwohl das Heilen und alles, was damit verbunden ist, indirekt auch darin vorkommt. Aber sein großes Wirken war, so wie ich es verstehe, das supramentale Bewusstsein herabzubringen. Das war das große Wirken von ihm und der Mutter. Und jene Seelen, die genügend vorbereitet sind, deren mentaler und vitaler Körper offen sind, können transformiert werden, sie werden die Verwirklichung erlangen – von oben nach unten, von den höheren bis hinab zu den unteren Seinsebenen. Auch das Physische wird transformiert werden in einen Körper, der nicht mehr sterben wird, in eine Spezies, die unsterblich sein wird. Habe ich das so richtig verstanden?

Ja, ich denke schon. Das ist korrekt ausgedrückt.

Haben Sie vielleicht noch eine weitere spirituelle Erfahrung gehabt, die einen großen Einfluss auf Ihr Leben hatte?

Vielleicht werde ich Sie enttäuschen, wenn ich Ihnen sage, dass die wichtigsten Erfahrungen jene sind, die ununterbrochen andauern, jene also, die man die ganze Zeit, konstant, haben kann. Gemeint ist, die Welt, die Umgebung, andere Menschen und sich selbst in ganz anderer Weise zu sehen, als gewöhnliche Leute es tun. Wenn Sie sich ein Bewusstsein vorstellen können, das alles mit allem verbindet, das jedes Ereignis mit jedem anderen Ereignis der Vergangenheit oder der Zukunft in Beziehung setzen kann, das keinen Unterschied zwischen Gott und Mensch, zwischen dem Spirituellen und dem Materiellen macht, dann würden Sie nicht nach sogenannten „spirituellen" Erfahrungen fragen. Die wichtigsten Erfahrungen stehen über und jenseits von all den sogenannten religiösen Erfahrungen, an welche die Menschen gewöhnlich denken.

Das bedeutet also, dass man das Einssein, die Einheit des Seins andauernd verwirklichen kann?

Ja.

Und das ist, was Sie andauernd erfahren?

Nun, ich denke, das ist etwas, das jeder, der diesen Yoga verwirklicht, die ganze Zeit, nach Belieben, erfahren kann.

Ich will Sie nicht weiter in Anspruch nehmen, aber vielleicht ein anderes Mal …

Kein Problem. Ich erzähle Ihnen hier einfach von inneren Zuständen, die für mich ganz natürlich sind, und die – wie ich auszudrücken versuchte – zu einem Bewusstsein gehören, das konstant da ist und auf das ich mich verlassen kann. Vielleicht muss ich mich manchmal etwas zurücklehnen, um Abstand vom Alltag zu nehmen, aber es ist ein Bewusstsein, das im Hintergrund immer da ist.

Wie wirkt sich das auf Ihre Gesundheit aus? Sie sehen sehr gesund aus.

Ja, ich glaube, das bin ich auch.

Meine lieben Kinder und Kindeskinder

Meine lieben Kinder und Kindeskinder – ich könnte genauso gut sagen, meine lieben Ahnen und Urahnen, da unsere Quantenphysiker entdeckt haben, dass sich die Zeit* sowohl rückwärts wie auch vorwärts bewegt. Dieses Wissen ist leider noch nicht in unserem täglichen Leben angekommen. Es braucht Zeit, sich daran zu gewöhnen.

Unser größter Wunsch ist es, dass die Kinder unserer Kinder auf diesem Planeten in Frieden leben können. Das ist aber nur möglich, wenn unsere Ahnen und Urahnen in ihrer eigenen Zeit in Frieden zu leben beginnen.

Deshalb wenden wir uns ihnen zu und bitten sie inständig
„Gebt den Krieg auf;
macht das Massaker von Roncesvalles[1] ungeschehen;
hört auf mit den Kreuzzügen und der Inquisition,
und verbrennt keine Hexen."

Wie ihr wisst, haben wir eine lange Evolution durchlaufen, die in unseren Genen eingeschrieben ist, und unsere Traditionen

---

1. Die Schlacht von Roncesvalles wird im mittelalterlichen französischen Rolandslied verherrlicht.

neigen dazu, die starken Krieger von Generation zu Generation weiter zu verherrlichen und sie als Verteidiger einer Sache darzustellen, die angeblich heilig, eigentlich aber mörderisch ist.

Solange wir stolz sind auf alte, militärische Schlachten, ermutigen wir die Ahnen, ihrerseits stolz auf sie zu sein und ihre Schlachten fortzusetzen. Wenn wir wirklich unsere Zukunft beeinflussen wollen, müssen wir diese Art der Verherrlichung der Vergangenheit verändern.

Dies ist möglich, weil wir nicht nur Kinder der Erde, sondern auch Kinder des Himmels sind. Und als Kinder des Himmels sind wir die Erben einer langen Tradition von Harmonie und Fortschritt.

Die beiden Traditionen, diejenige des Schlachtens und diejenige der Harmonie, stehen im Widerspruch zueinander, halten sich aber im Gleichgewicht – in einem Gleichgewicht, das sehr empfindlich ist. Aber, gerade weil dieses Gleichgewicht so empfindlich ist, kann es auch leicht beeinflusst werden – in die eine oder andere Richtung. Ein wenig Seelenkraft genügt, um die Vergangenheit zu beeinflussen. Versuchen wir, sie zu erkennen und uns ihr zuzuwenden:

„Oh, Ahnen und Urahnen, lasst ab von der Vorstellung, eure Kinder müssten euch ähnlich sein. Sie sind dazu bestimmt, auf ihre Ahnenreihe einzuwirken und ihre vergangenen und ihre zukünftigen Mütter darauf vorzubereiten, sie zu gebären. Wir, Eure Kinder, sagen euch: Schaut auf dieses Universum als ein Feld von Schwingungen, in dem alles mit allem verbunden und mit allem in Resonanz ist."

So sind auch Zukunft und Vergangenheit miteinander verbunden. Es ist leichter, die Vergangenheit zu ändern, als die Zukunft zu erschaffen.

Vergangenheit und Zukunft sind wie sich ergänzende Eroberungen, sie erfordern, in die Zeitfreiheit* zu wachsen, also das zu unternehmen, was Sri Aurobindo die „Eroberung der Zeit" nennt (vgl. S. 72). Ohne die Eroberung der Zeit hat die Menschheit keine Zukunft. Wie Narren fahren wir fort, die gleichen alten

Fehler ständig zu wiederholen. Die Zeit zu erobern, bedeutet vor allem, unsere vergangenen Leben zu erobern. Der Grund, warum uns das bis heute nicht gelungen ist, liegt darin, dass wir glaubten, diese Eroberung müsste nur individuell geschehen. Dem ist aber nicht so. So etwas wie einen einzelnen individuellen Vorfahren oder einen einzelnen individuellen Nachkommen gibt es nicht. Die Eroberung der Vergangenheit, wie auch die Eroberung der Zukunft kann nur gelingen, wenn sie auch kollektiv unternommen wird. Gemeinsam müssen wir die beiden Amerikas wiederentdecken, um die Gräueltaten zu vermeiden, die wir dort begangen haben. Diese Missetaten den Ahnen zuzuschreiben, entschuldigt uns nicht für die Fehler und Schrecken der Vergangenheit. Wir alle sind dafür verantwortlich. Das Kind der gegenwärtigen Menschheit zu werden – das heißt, fähig zu werden, das Schicksal der Menschheit zu verändern –, muss das Ergebnis einer gemeinsamen Aspiration sein.

Bis jetzt vermochten nicht einmal die höchsten einsamen Bestrebungen und einsamen Transformationen auf den Gipfeln des Bewusstseins – so wie die eines Lao Tse, eines Buddha, eines Jesus – das wahnsinnige Verhalten des größten Teils der Menschheit zu verändern, auch wenn sie für einige Wenige Inspiration und Erlösung bedeuteten und immer noch bedeuten.

Vor langer, langer Zeit schon hat eine kleine Minderheit unserer Ahnen Menhire und Obelisken aufgestellt, aufrechtstehende Steine, die uns daran erinnern sollen, aufrecht (aufrichtig) zu sein, eine „stehende Seele" zu sein.

Ihr werdet keinen Frieden haben, solange ihr nicht fähig seid, in euch selbst den Frieden zu finden. Um in Frieden mit euch selbst zu leben, müsst ihr alle Ahnen zu euch einladen, das heißt, sie in euch wahrnehmen – als Wesensaspekte eurer selbst, als eure Gene, eure Archetypen. Auf diese Weise werden eure Kinder zu Kindern der ganzen Menschheit.

Denkt daran, dass die „Eroberung der Zeit" auch bedeutet, in jedem Augenblick anders zu sein, als ihr es einen Augenblick zuvor wart. Es bedeutet eine andauernde Umwandlung, einen ständigen Verklärungsprozess.

Wenn Elektronen und Neutrinos sich frei in der Zeit bewegen können, sowohl in die Vergangenheit wie auch in die Zukunft, gibt es keinen Grund, weshalb der Mensch, der doch aus Elektronen und Neutrinos besteht, an seine Vergangenheit gebunden sein sollte wie ein Ochse, der stets dieselbe Furche pflügt.

Denkt vielmehr an das unendliche Kreisen der Zeit, das es euch ermöglicht, euch in der Vergangenheit als die Vorfahren eurer Vorfahren anzusprechen, und euch in der Zukunft als die Kinder und Kindeskinder zu begrüßen.

Wenn die Schlange der Zeit sich in ihren eigenen Schwanz beißt, dann werden sich unsere Gene an dieses neue intensivere Kraftfeld anpassen, und unser Schicksal als *Kinder der Erde* wird sich mit unserem Schicksal als *Kinder des Himmels* vereinigen. Dies bedeutet, dass die meisten Menschen es gelernt haben werden, ihre Ahnen in ihr Bewusstsein aufzunehmen – und dadurch wird für uns alle der Prozess beschleunigt, der zu dem führt, was wir heute „erleuchtet sein" nennen.

Sri Aurobindo schreibt in seinem Werk *Das Göttliche Leben*, dass, wenn wir die Erleuchtung erlangen, sich all unsere Ahnen freuen. Eine Sekunde der Erleuchtung und der Seligkeit kann das Auf und Ab des Lebens der menschlichen Spezies, seit diese nach Erleuchtung zu suchen begann, ausbalancieren. Die von Sri Aurobindo erfahrenen Anandas (Seligkeiten) schaffen einen Ausgleich zu all dem Leid und Elend der Welt.

Wenn ihr also mit euren Vorfahren sprechen wollt und euch fragt, wohin ihr euch wenden sollt, ist es ganz einfach: Sie sind alle lebendig in euch gegenwärtig, so wie auch eure Kinder und Kindeskinder.

Dieser Brief an meine Kinder und Kindeskinder ist natürlich auch an mich selbst – in einer kommenden Inkarnation – gerichtet, aus dem einfachen Grund, dass mein Wesen nicht nur alle Vorfahren, sondern auch alle Kinder der Zukunft schon mitenthält.

X

Medhanandas Curriculum Vitae

Curriculum Vitae

Medhananda,
ein Partikel kosmischen Staubes
und eine Welle,
stets harmonisch in Resonanz
mit dem All.

Medhanandas gesamtes Wissen
ist „illegal",
auf „illegale" Weise erworben,
nicht an akademischen Bildungsstätten.
So gibt er der Psychologie „illegale" Tiefe
 und den Symbolen „illegale" Dynamik.

Er ist zutiefst uneins
mit jener Ägyptologie,
die auf dem Stein von Rosetta basiert.

Medhananda hatte das große Glück,
alle Tiere seines „Totempfahls"
persönlich zu erfahren –
von der Mutterbärin ganz unten
bis zum krönenden Papageien ganz oben.

Dies befähigt ihn,
über Symbole
mit einem inneren Wissen zu sprechen.

Seine Erforschung alter Symbole
kann nicht getrennt werden
von dem neuen Bewusstsein, das mit Sri Aurobindo kam,
und von dem, was er davon wahrzunehmen
und persönlich zu erfahren vermochte;
noch kann sie getrennt werden
von Sri Aurobindos Forschungsarbeit
über die tiefste Bedeutung vedischer Symbole.

So wie ein Zen-Koan nicht durch mentale Analyse
und gesprochenes Wort erklärt werden kann oder sollte,
so sind auch die Zeichnungen der Höhlenmaler,
die Skulpturen der Osterinsel,
die Symbole des Camonica-Tals und des Tals der Wunder,
die Skulpturen der Mayas und Inkas,
wie auch die ägyptischen Hieroglyphen
geheimnisvoll geblieben,
trotz zahlreicher Interpretations- und Übersetzungsversuche
sogenannter Spezialisten.

Eine Zen-Frage:
„Was ist das Geräusch einer einzelnen klatschenden Hand?"
Eine mögliche Antwort:
„Das Echo des Urknalls."
Jene, die – wie Medhananda – es gehört haben,
bleiben für den Rest ihres Lebens im Exil.
Dies ist die Geschichte von Medhanandas Leben.

Medha und Ananda

Medhanandas Geheimnis ist,
dass es keinen Medhananda gibt.
Medhananda ist nicht eine Entität,
Medhananda ist ein Prozess.
In einem gewissen Sinne
fließt *Ananda* (die Seligkeit) in *Medha* (das Mental),
und wird dort in kleine Teile zerschnitten.
In einem anderen Sinne
löst sich *Medha* in *Ananda* auf.
Diese beiden Bewegungen dauern an,
solange es eine Vergangenheit und eine Zukunft gibt.
Medha und *Ananda* sind erst vereint
im ewigen Spiel des ewigen *Jetzt*:
jetzt, jetzt, jetzt –
existiert Medh(a)ananda.

Immer und immer

Eins zu sein
mit all der Seligkeit –
immer und immer –
und sie in jedem Augenblick
in mir und überall, in allen Dingen,
vibrieren zu spüren,
und diese Seligkeit
immer wieder von Neuem
zu entdecken –
dies ist mein wahres Ich.

Die Litanei des SEINS

Ich bin das ICH BIN.
ICH BIN ist mein Name und mein Programm.
Wo ICH BIN, gibt es weder Geburt noch Tod.
Wo ICH BIN, ist nur das Sein, und alles Sein ist ICH BIN,
denn ICH BIN ist Wahrheit und Selbsterkenntnis;
ICH BIN ist unendlich.
Jedes Mal, wenn ich sage: „Ich bin",
identifiziere ich mich mit meinem ICH BIN.
Mein wahres ICH BIN schläft nie:
Es bleibt auch während der Nacht aufmerksam, wachsam.
Selbst wenn sich meine vielen kleinen „Ich bin's" schlafen legen,
bleibt mein großes ICH BIN stehen
und wacht, sieht und beobachtet.
In meinem ICH BIN ist kein Schlaf und kein Tod.
Es geht mit mir von Geburt zu Geburt, von Leben zu Leben
und sagt mir jeweils, wenn die Zeit des Wandels
von dem einen in den anderen Zustand gekommen ist:
„es ist genug, *satis est*",
und hüllt mich in seine großen Flügel, sanft und weich,
und zusammen reisen wir durch die Zeit,
von Zeitalter zu Zeitalter.
Wie schön ist es,
mit meinem ICH BIN durch den Ozean der Zeit zu reisen.

Mein Vater ist ICH BIN –
aber ich bin auch ICH BIN in Ewigkeit.
Meine Mutter ist ICH BIN –
aber ich bin auch ICH BIN in Ewigkeit.
Mein Bruder ist ICH BIN, und auch meine Geliebte,
wir alle sind ICH BIN in Ewigkeit.

„ICH BIN, bist Du da?" – „Ja, ICH BIN."
„ICH BIN, bist du wachsam?" – „Ja, ICH BIN."

„Lässt Du mich nicht in die Falle tappen, zu denken
(wie so viele Menschen): „Ich bin nicht ICH BIN"?"
„Nein, Ich bin jenes ICH BIN, das du bist" (tägliches Zwiegespräch).
Aus mir steige ich hervor, in mich tauche ich ein.
Ich kehre von weit her in mich selbst zurück,
ich erfreue mich in meinem Zentrum,
ich erfreue mich in meinem Horizont.
Es gibt keine Grenzen für mich.
Ich selbst bin Raum, ich selbst bin Zeit.
Zwischen den „tiefen" Wassern des Unterbewussten
und den „hohen" Himmeln des Überbewussten
erscheine ich mir selbst
als die Teile und als das Ganze,
als die Vielen und das Eine,
jetzt und immer wieder,
mich selbst spiegelnd, mich selbst rufend.
ICH BIN ewige Zeit und unendlicher Raum,
ICH BIN Licht, ICH BIN Seligkeit.

Unendlichkeit

Wenn uns Unendlichkeit gewährt wird,
ist dies der Beginn der Spiritualität.
Unsere eigene, tiefste Unendlichkeit
ist etwas ganz Besonderes,
wie es auch die Unendlichkeit eines Jesus
oder eines Lao Tse oder Buddha ist –
ohne Ähnlichkeit oder Vergleichbarkeit –,
jede eine einzigartige Unendlichkeit.

Symbole

Für Medhananda sind die meisten Worte ihres Inhalts entleert.
Sie sind wie Häuser,
von denen nur noch die Außenwände stehen;
das Innere, die tiefere Bedeutung, ist abgebrannt.

Die wirklichen Strukturen dieses Universums
können nur durch Symbole
dargestellt werden.
Sie bringen die Dinge zusammen.

Das gehört zur Tiefenpsychologie,
nicht zur Verhaltenswissenschaft.

Medhanandas Arbeit – die Erforschung
des psychologischen Inhalts alter Symbole –
steht ganz unter dem Einfluss von Sri Aurobindo.
Sie kann nicht getrennt werden von dem, was er lehrt,
und von dem,
was Medhananda davon für sein Leben umsetzen konnte.

Wenn man auf die menschliche Sprache verzichtet,
entdeckt man, dass dieses Universum
ein riesiges Kommunikationssystem ist,
in dem alle Dinge mit allen anderen sprechen –
Tiere und Steine, Berge und Flüsse
Pflanzen und Sterne … –
und sich von dem erzählen,
was sie erfahren,
was sie sind.
Für Medhananda ist alles ein Symbol,
jedes Ding enthält eine Botschaft.

Ich und mein Vater sind eins[1]

Sämtliche Schwierigkeiten im Yoga,
dem Weg der Einswerdung mit dem Göttlichen,
rühren von der Tatsache,
dass wir nicht zu glauben wagen,
dass die Aussage von Jesus: „Ich und mein Vater sind eins"
eine Wahrheit ist, die sich auf jeden von uns bezieht.

Von sich zu sagen: „Ich und mein Vater sind eins"
ist nach christlicher Religionslehre eine Blasphemie.
Ihr gemäß ist dies etwas,
das nur Jesus Christus von sich sagen konnte.
Und doch ist es eine sehr einfache Wahrheit,
die sich auf jeden von uns bezieht.
Wenn man seine Wahrheit nicht ausdrücken darf,
weil sie als Blasphemie gilt,
ist man in der Lüge.
Um zu erkennen, was Wahrheit ist,
müssen wir das supramentale Bewusstsein akzeptieren,
das uns die Einheit aller Gegensätze wahrnehmen lässt,
das, was die alten Ägypter im Symbolbild
„Vereinigung der beiden Ägypten" ausdrückten[2]
(die ja schon immer vereinigt waren).

Sri Aurobindo spricht zu Menschen,
die das Göttliche in sich noch nicht erkennen,
die aber gleichzeitig für ihn Brahman sind:
„Das Göttliche, das im Göttlichen lebt."[3]

---

1. Eine Aussage von Jesus aus dem Johannesevangelium 10:30 „Ich und mein Vater sind eins" und 17:22 „Vater, die Herrlichkeit, die du mir gegeben hast, habe ich auch ihnen gegeben, damit sie eins seien, so wie wir eins sind."
2. siehe Medhananda, *Das altägyptische Senet Spiel* S. 95.
3. siehe Nirodbaran, *Gespräche mit Sri Aurobindo*, Bd. 1, S. 27.

Vijnanabhairava

Folgt man dem Buch *Vijnanabhairava*[1],
das ein wirkliches Monument
verschiedener Yoga-Arten ist,
wird alles, was man im Leben tut,
zu einer Yoga-Übung.
Du schaust in einen leeren Topf
und siehst die universale Leere.
Und es gibt 112 solcher Übungen,
die es einem Menschen schließlich ermöglichen
in sein wahres Selbst zurückzukehren,
wie es uns im alten Ägypten
die sich in den Schwanz beißende Schlange Mehen zeigt.
Es gibt auch einige *Nada Brahma**-Übungen darin.
Manche Menschen empfinden gewisse Geräusche
als Töne oder Lärm,
und andere als Musik.
So ist es denn möglich,
in einer Fabrik zu arbeiten,
die Lokomotiven fabriziert,
und jedes Geräusch, das du vernimmst,
ist Nada Brahma.
Dann fügst du die Geräusche hinzu,
die du selbst beim Arbeiten erzeugst,
so wie ein Musiker, der Teil eines Orchesters ist.[2]
Auch unser Atmen ist Nada-Brahman –
die Musik des Universums.

---

1. Vijnanabhairava bedeutet „göttliches Bewusstsein". Das Buch mit diesem Titel enthält 112 verschiedene Yoga-, bzw. Bewusstseins-, Meditations-Übungen, welche die dualistische Sicht der mental-rationalen Denkweise überwinden helfen.
2. Medhananda arbeitete als Praktikant ein ganzes Jahr lang in einer Lokomotivfabrik, bevor er sein Universitäts-Studium begann.

Mohini

Wie es bei allen Märchen- und Mythenerzählungen der Fall ist,
hat auch die indische Geschichte vom Asura Mohini
einen psychologischen Gehalt, der sich in Symbolen verbirgt.
Shiva, Vishnu, Durga und der Asura Mohini,
die alle in der Geschichte vorkommen,
sind verschiedene Wesensaspekte ein und derselben Person.
Und es gehört zum Yoga,
sich mit diesen allen gleichzeitig zu identifizieren
und sie als Teile seiner selbst zu erkennen.
Im Kontext dieser Geschichte
ist der Asura Mohini der fromme Mensch (wir),
der viel Askese auf sich genommen hat,
ohne sein ungestümes, grollendes Ego
wirklich zu transformieren.
Aufgrund seiner großen Askese
gewinnt er den Segen Shivas,
welcher jene Bewusstseinsebene in Mohini (in uns) symbolisiert,
die in andauernder Meditation ist.
Die wohltuende Wirkung der Meditation
kann einem anderen Teil unseres Seins
nicht verwehrt werden.
Shiva, das reine Bewusstsein, wird aber bedroht
durch die zerstörerische Gewalt des Egos
und nimmt Zuflucht bei Vishnu,
dem Tiefschlaf- und Traumbewusstsein.
Im Schlaf, wie die alten Rishi schon sahen,
können erotische Träume hochkommen.
Und so kann Shiva, das reine Bewusstsein,
gestört im Schweigen seiner Meditation,
sich nicht eines erotischen Traums erwehren,
der aber seine eigene Schöpfung ist.
Erst als er erwacht, wird ihm bewusst,
dass das schöne junge Mädchen,

das seinen Sari verloren hatte, er selbst war.
Diese Geschichte spielt sich nicht
unter den Göttern der übermentalen Welt ab,
sondern im Yogi, der lernen muss,
zu erkennen,
dass er in allen Teilen seines Wesens
in Wahrheit Shiva ist, reines Bewusstsein,
vor dem das asurische Ego
– die Trennung, die zum Tode führt –
sich schließlich in Luft auflöst.

Nirvana

Erfüllung, Fülle,
alles ist einem gegeben,
man ist bis zum Überfließen voll.

Ganz plötzlich ist kein Ego mehr da,
man kann nichts mehr wünschen.

Ganz plötzlich ist kein Universum mehr da,
da ist nichts,
nichts, von dem man Kenntnis nehmen könnte,
nichts, von dem man sagen könnte: „oh, das ist es!"

Der Sitz ist leer.

Allmählich, ganz langsam,
früher oder später,
taucht das Universum wieder auf,
und mit ihm ein Pseudo-Ego,
mit dem sich in diesem Universum funktionieren lässt.

Brahman

Auch Inseln singen.

Mehetia ist eine Insel in Polynesien,
ohne ein Korallenriff zu ihrem Schutz;
jede Welle des pazifischen Ozeans brandet an
wie eine Wand aus Wasser.
Eine enorme Energie verausgabt sich dort,
mit einem Geräusch,
das einem vorbeifahrenden Güterzug gleicht.
Anfänglich dachte ich, es sei ein physisches Geräusch,
und ich beachtete es kaum, und es lehrte mich nichts;
bis ich eines Tages merkte,
dass niemand sonst es hörte.
Danach verstand ich,
dass dies die Art und Weise des Ozeans war,
OM zu singen.
Das ist die Energie, die es einem ermöglicht
auf dem Wasser zu gehen,
auf den Wellen, den Schwingungen.

Im Buch *Vijnanabhairava*[1] heißt es von Brahman,
dass es der Ton ist,
„der ohne Unterbrechung schwingt und vibriert
… rauschend wie ein Strom."

---

1. vergleiche S. 122

Das Goldene Zeitalter auf Besuch

Der griechische Mythos von Pandora
wurde in einer späteren, patriarchalischen Zeit verdreht
(so wie das bei vielen anderen Mythen auch geschah).
Der Name lässt uns aber noch etwas
von der ursprünglichen Bedeutung ahnen.
Pan-dora heißt: „Alles gebend".
Und so gab es auch ganze Zeitalter,
die – wie Pandora – „alles gebend" waren.
Der moderne Mensch
kann sich darunter nichts vorstellen:
Für ihn ist es unmöglich, anzunehmen,
dass es einst ein psychologisch Goldenes Zeitalter gab,
und dass dieses Goldene Zeitalter immer noch da ist,
bereit, sich zu manifestieren.

Gleich und ungleich

Ungleich in der Zeit,
gleich in der Ewigkeit,
ungleich im Raum,
gleich in der Unendlichkeit.
Alle Dinge bin ich,
und keines bin ich.
So viele Körper habe ich,
und keine sind mein.
Wie seltsam,
hier und jenseits,
innen und außen,
gleich und ungleich
zu sein.

XI

Randbemerkungen

Was das Licht
für die physische Welt ist,
ist das Bewusstsein
für die psychologische Welt.

∞

„Erobere die Weisheit deiner Tiefen
und die Wahrheit deiner Höhen."
Dieser mir spontan eingefallene Satz klärt,
ganz ungewollt,
was Jesus auszudrücken versuchte,
wenn er sagt (Matthäusevangelium 10.16):
„Seid weise wie die Schlangen,
und ohne Falsch wie die Tauben."

∞

Der moderne Mensch lebt mit verbundenen Augen.
Er hört nur, was die Leute sagen.
Seine Katze weiß viel mehr über das Leben als er.

∞

Sowohl unsere Ängste als auch unser Glaube
wurzeln im Unterbewussten.
Unser Denken ist nicht Meister über sie.
Man muss selbst der Tod werden,
um keine Angst mehr zu haben.

∞

Der wirkliche Zweck des Labyrinths
ist nicht, sich darin zu verlieren
und nach dem Ausweg zu suchen,
sondern sich nach innen zu wenden,
um das Zentrum unseres Wesens zu finden
und uns von unserem äußeren Wesen loszulösen –
uns zu trennen vom Trennungs-Bewusstsein.
Das ist Selbst-Befreiung.

∞

Je mehr man sein Bewusstsein weitet
und intensiviert,
desto mehr wächst man in seine Essenz
und desto inniger umarmt uns diese.

∞

Der heilige Gral
ist in Wirklichkeit
der Mensch:
Er ist der Kelch,
in dem alles, wonach er sucht,
gefunden werden kann.

∞

Das Musikinstrument Laute,
das im alten Ägypten Schönheit bedeutete,
und auch Resonanz,
ist Ausdruck
für die Schönheit des Selbst-Gewahrseins,
die in jedem Wesen und jedem Gegenstand
mitschwingt.

∞

Seligkeit,
die das Geheimnis des Universums ist,
ist auch das Geheimnis des Denkens.

∞

Die moderne Mathematik
mit den „Sets" und „Relationen"
ist ein Instrument, das uns das Gewebe
des großen Teppichs der Wirklichkeit zeigt,
während die Arithmetik,
so wie sie normalerweise unterrichtet wird,
alles in kleine Stücke schneidet.
Den Teppich sehen lehren,
ist ein alles miteinbeziehendes Lehren,
das in sich vollständig ist.
Es ist Weisheit.
Was immer wir betrachten –
auch uns selbst –
kann nur verstanden werden,
wenn wir den gesamten Teppich –
die Sets, die Relationen, das Ganze – sehen.

∞

Wahre Erziehung
weist auf die größeren Zusammenhänge der Dinge hin:
Ja, das ist ein Baum,
auch du bist ein Baum,
das ganze Universum ist ein Baum.
Das ist ein Krokodil,
auch du bist ein Krokodil (deine Zellen verzehren Nahrung),
und auch das Universum ist ein Krokodil.
Das ist ein Kreis,
auch du bist ein Kreis,
das ganze Universum ist ein Kreis.

∞

Das Wort Religion
kommt vom lateinischen *religere*.
Es bedeutet, wieder binden, zusammenbinden.
die vielen Teile, die wir sind,
zusammenbinden.

∞

Das Ego ist peripher: mich, dich, ihn …
Das Selbst ist zentral.

Das Ego ist trennend …
Das Selbst ist Eins.

Wenn das Ego da ist,
steht die Welt *vor* einem.
Das Selbst aber kennt kein Gegenüber.

∞

Chaos
ist eine allem innewohnende, verschleierte,
unberechenbare Ordnung.
Das Komplement dazu ist der Kosmos (= schöne Ordnung),
von dem wir nur einen ganz kleinen Teil wahrnehmen.
Dieser Teil wartet auf unseren Zuruf:
„Es ist gut!"

Wie Neith (im alten Ägypten) uns sagt:
„Wenn du den Schleier lüftest,
bist du nicht mehr sterblich."
Der erste Schleier ist die Korpuskularität.
Hinter ihm ist bereits Unsterblichkeit.

∞

Nur wenn man nichts ist,
kann man sagen ICH BIN.

∞

Die Religion ist stets ernst,
Die Gnosis lädt uns ein, zu lachen.

∞

Der Ozean ist
bis zum Überfließen mit Tropfen gefüllt.
Da ist nichts, das nicht ein Tropfen ist:
Abgesehen von den Tropfen
gibt es also keinen Ozean.
Dies ist das Wunder der Vielheit,
die = Eines ist:
Ein mal eins mal eins mal eins = eins.

$1 \times 1 \times 1 \times 1 = 1$

Und diese Multiplikation der Eins (des Einen)
geschieht nicht nur im Raum,
sondern auch in der Zeit.

∞

Zeit
ist ein Jetzt,
das mit der Ewigkeit verbunden ist.
Ansonsten gibt es keine Zeit.
Die anderen so genannten vielen „Jetzt"
vorher oder nachher
sind Illusionen,
denn sie alle sind
„jetzt".

∞

Alles wird aufbewahrt
in Form von Schwingungen.
Jede Erinnerung ist (als Bild)
bereits eine Veräußerlichung.

∞

Suchst du das Göttliche
mit deinem Verstand,
wirst du es nicht finden.
Suchst du das Göttliche
mit deinem psychischen Wesen,
wirst du finden,
dass du es nie verloren hast.

∞

Der Künstler
ist einer, der einen Stein nehmen
und jedem die verborgene Sonne
darin zeigen kann.

∞

Gewisse Götter und Schutzkräfte
können wir nur in der Welt der Träume treffen.
Sie nehmen, um uns dort zu erscheinen,
die Gestalt von Tieren an.

Alle Tiere
sind Schutzengel des Menschen;
ihre herausragenden Fähigkeiten
repräsentieren
seine höchsten Tugenden.

Eine Zeit wird kommen,
wo die Menschheit
der Tierwelt wieder so nahe sein wird
wie damals im alten Ägypten oder Indien.
„Ich bin der König der Tiere",
sagt Sri Krishna in der Bhagavad Gita.

∞

Wir müssen uns von der Illusion befreien,
dass wir diejenigen sind, die träumen –,
die ganz allein träumen
in einem Universum des Zufalls,
das keine Bedeutung hat.
Selbst unser wildester Traum
ist eine Feder des goldenen Horus.

∞

Einsteins berühmte Formel* heißt: $E = mc^2$
Wenn ich als *Masse* (m) erscheine,
so ist es für ein leuchtendes Mental ganz klar,
dass, wenn meine Masse
mit der *Lichtgeschwindigkeit im Quadrat* (c^2)
multipliziert wird,
ich auch sagen kann:
Ich bin *reine Energie* (E)

∞

Die Moses'* des 20. Jahrhunderts,
die 1927 in Brüssel
auf den Berg Sinai stiegen,
sahen den Brennenden Dornbusch als
$E = mc^2$.

Sie fragten ihn:
„Wie ist dein Name?",
und er erwiderte:
„Ich bin die Lichtgeschwindigkeit."

Das Photon [Lichtquant]
ist der Glorien-Umhang,
mit dem die Energie sich bekleidet,
um auf dem Balkon der Epiphanie
zu erscheinen.

∞

Einstein konnte anfänglich seine eigene Theorie
nicht verstehen,
die Theorie über die vibratorische Wirklichkeit der Welt,
die bis zu der Aussage geht,
dass das Universum unwirklich sei.

Dieses Universum,
das auf Schwingungen basiert,
ist also grundlegend unwirklich –
reine Einbildung, Imagination.
Aber als Imagination,
die aus der Einheit des Seins geboren ist,
hat es seinen Platz
im Schleier der Erscheinungen
des EINEN.

∞

Das Wort „Quantum“
stammt von dem Physiker Max Planck.
Er war es, der entdeckte,
dass von etwas
eine gewisse Quantität erforderlich ist,
damit ein Quanteneffekt stattfinden kann.
Wenn weniger da ist als ein Quantum,
kann keine Wirkung erfolgen.

Das Quantum von Buddha
ist der Elefant[1]
Das Quantum von Sri Aurobindo
ist das Sapta Chatusthaya[2].

∞

---

1. Der Elefant symbolisiert die großen Kräfte des Buddha: Gelassenheit, Stärke des Geistes, edle Sanftmut, innere Ruhe, Ausdauer.
2. Sapta Chatusthaya (Sanskrit: sieben Vierheiten) nannte Sri Aurobindo sein um 1912 intuitiv empfangenes Übungsprogramm für die spirituelle Praxis: Er übte 28 spirituelle Qualitäten/Seelenkräfte. Siehe Sri Aurobindo, *Archives and Research*, Vol. 10, No.1, 1986.

Damit eine Bewegung andauert,
muss sie mit Lichtgeschwindigkeit erfolgen.

∞

Picasso
ist der spontanste spirituelle Künstler,
den ich kenne.
Er ist völlig unbeirrbar und sich sicher,
wenn eine neue Wendung genommen werden muss.
„Ich brauchte siebzig Jahre, um zu lernen,
wie ein Kind zu malen", sagte er.
Damit drückt er das Gleiche aus wie Sri Aurobindo,
der in seiner einzigen Umschreibung von Gott gesagt hat,
dass das „Kind" die höchste Evolution des Seins darstelle.[1]

∞

Das gesamte Universum ist homothesisch
(das heißt, basierend auf der gleichen These).
Die Strände aller Kontinente,
aller Planeten,
aller Sonnensysteme,
aller Galaxien
basieren auf demselben Prinzip.
Dies ist ein Teil
der Mathematik der Fraktale.
Es gibt nur einen Strand…

∞

Mein Platz in der Ewigkeit
ist das Spiel mit dem *Goldenen Ball*,
das Sri Aurobindo mir schenkte
und mit dem die Mutter spielte.[2]

∞

---

1. Siehe Glossar unter Ewiges Kind
2. *Der Goldene Ball* ist die deutsche Version des englischen *Eternity Game*, das Medhananda 1973 intuitiv kreierte und der *Mutter* widmete.

Märchen sind die Erinnerungen
aus den vergangenen Leben
der Menschheit,
als noch alles mit allem
kommunizieren konnte.

Dem Märchenprinzen ist alles,
was ihm begegnet, ein Hinweis
und zeigt ihm den Weg.

Die Nicht-Prinzen
erhalten die gleichen Hinweise,
erkennen sie aber nicht
und laufen in die
entgegengesetzte Richtung.

∞

Musik
kann einen sehr nahe
zur Erleuchtung bringen.
Sie ist eine Annäherung,
nicht die Erleuchtung selbst.

Auch der Tanz
ist eine Annäherung
(z. B. für die Derwische).

Es sind Annäherungsmethoden,
die von unserer dominanten Gehirnhälfte
gerne genutzt werden,
denn Musik und Tanz –
wie auch die Erleuchtung –
basieren auf der vibratorischen Grundlage.

∞

In unserer Zeit
ist ein Sklave eine Person,
die ihre Zeit verkauft hat:
Ihre Zeit gehört nicht mehr ihr.

Wenn wir unsere wahre Individualität
verwirklicht haben,
werden wir zu einem
zeitfreien Prinzip des Universums
wie Sokrates,
der in uns weiterlebt als einer,
„der weiß, dass er nicht weiß"
und Zeit hat,
Fragen zu stellen.

∞

Der goldene Schnitt
ist ein integraler Aspekt der Pyramiden.
Letztlich können wir ihn in allem entdecken,
denn er ist
eine Seinsweise unseres Universums,
ihr kosmischer Code.

∞

Größe spielt keine Rolle:
In einem winzig kleinen Körper
muss man sich nicht winzig klein vorkommen.
Eine Maus
fühlt sich nicht weniger vollständig
als ein Elefant.
Auch wenn man nur einige Moleküle groß ist,
muss man sich nicht eingeschränkt vorkommen.
Eine Eizelle kann sich wie eine Sonne fühlen.

∞

Der Stuhl
ist kein Gegenstand.
Er ist das Ananda des Sitzens.

∞

Der Weise,
der sich in Worte der Dunkelheit hüllt,
dringt ein
in das Herz des Lichts.

∞

Für die alten Ägypter
war Maat, die Wahrheit,
wie auch Neith mit ihren zwei Pfeilbogen
von polarer Art.
Jedes Mal, wenn du einen Pfeil
in das Universum schießt,
schießt das Universum
einen Pfeil zu dir zurück.
Wenn du jemandem etwas Gutes tust,
so tust du dir selber Gutes.
Wenn du all deine verschiedenen Seelenkräfte
in dir gesammelt hast,
hast du das Göttliche gesammelt.
Und wenn du das Göttliche sammelst,
sammelst du dich selbst.

∞

Das Eine ist nicht eine höhere
oder größere Wahrheit als die Vielheit.
Beide sind vollkommen gleichwertig
und vollkommen symmetrisch.

∞

Dieses ganze Universum ist eine Umarmung:
Die Sonne umarmt ihren Schatten,
Energie umarmt Materie.

∞

Die Schatten sind nicht eine Negation
des Lichts,
sondern dessen Bestätigung und Spielfeld.

Das Spielfeld des Bewusstseins ist das Unbewusste.
Das Spielfeld des Einen ist die Vielheit.

Alles,
was negativ und falsch erscheint,
ist das Spielfeld,
welches das Positive, das Vollkommene,
sich ein-gebildet (imaginiert) hat,
um darin zu spielen.

Der Tod ist das Spielfeld
des Lebens –
ein Spiel,
welches das Leben
mit sich selber spielt,
denn es gibt keinen Tod.

Der Tod ist eine Übung
für unsterbliches Leben.
Der Schlaf ist eine Übung
für ewige Geburt.
Der Traum ist eine Übung
für immerwährende Transformation.

∞

Der Vollkommene
ist nicht einer,
der keine Fehler macht,
sondern einer,
der keine machen kann.

Ein Prophet
ist nicht einer,
der die Zukunft voraussagt,
sondern einer,
der mit der Stimme der Wahrheit spricht,
so dass das, was er sagt,
sich realisiert und wahr wird.

∞

Die mütterliche Plazenta,
die Glückshaut,
der Kausalkörper,
das leuchtende Ei,
die wahre Magie,
die Engelsflügel,
der Mantel der Glorie, –
alle warten auf die Möglichkeit,
auf den Schultern eines jeden von uns zu liegen.

∞

Von der Ewigkeit aus gesehen
ist das, was geschieht,
immer das Beste.

∞

Jede Möglichkeit
ist die Spitze eines Eisbergs
der Unmöglichkeit.

∞

Ananda allein existiert,
auf dem illusionären Ozean
des Nicht-Ananda schwimmend.

∞

Solange du Befreiung
für dich selbst suchst,
verstärkst du deine Ketten.
Befreie das Göttliche in dir,
und du wirst frei sein.

∞

Das Ganze
ist immer synonym
mit Freiheit.

∞

Ich arbeite,
während ich ruhe,
und ich ruhe,
während ich arbeite.

∞

Alles, was eine Spezies entdeckt,
gewonnen, erschaffen und realisiert hat,
kann nie verloren gehen.
Ihre Realisationen gehen
von Stern zu Stern,
von Galaxie zu Galaxie,
wie springende Gene.

∞

Die Seligkeit eines Erzengels
ist nicht größer als die Seligkeit
des kleinsten aller Engel.
Honig hat dieselbe Süße für alle

∞

Das Geheimnis des Universums
ist das Einssein
und das Einssein allen Einsseins.
Wenn schließlich alles bewusst und selig
in *einem* Sein zusammengekommen ist,
wird es uns möglich sein, zu sagen:
Gott existiert.

∞

Es gibt keinen Anfang.
Wenn es einen Anfang gäbe,
wären wir sterblich.
Das Universum hat keinen Anfang,
und deshalb auch kein Ende.
Das Leben hat keinen Anfang,
doch jedes Lebewesen hat einen.
Der physische Körper hat einen Anfang,
aber nicht das Wellenfeld, das ihn projiziert.
Einige Gedanken haben einen Anfang.
Aber es muss Gedanken geben ohne Anfang,
ewige Gedanken.
Sri Aurobindo hat einige niedergeschrieben,
wie z. B.:
„… näher und näher sein …".
Das ist Seligkeit.

∞

XII

Auf dem Weg zu einer singenden Wirklichkeit

Die Wirklichkeit in Aphorismen besingen

Weihnachten:
Eine yogische Übung,
eine Erwartung –
wie diejenige einer Mutter,
die sich danach sehnt,
dass ihr Kind geboren wird.

Und vergiss nicht,
dass das neugeborene Kind
dein zentrales Wesen ist,
das seine Augen öffnen
und die Wirklichkeit
erblicken will.

Wirklichkeit:
Was immer war,
jetzt ist und
immer sein wird.

∞

Da das Göttliche
völlig subjektiv ist –
ICH BIN –,
ist für das Göttliche alles
immer und absolut neu.

Es ist nicht neu
für das mentale Bewusstsein,
wohl aber
für das Göttliche.

∞

Transformation
war immer,
ist jetzt,
und wird immer sein –
also
ist sie eine Wirklichkeit.

Somit
ist die Evolution Teil
der absoluten Wahrheit.
Wenn es keine Katastrophe
für die Amöbe gäbe,
wäre das Universum
voller Amöben
und nichts sonst.
Ohne Erdbeben
und die Verschiebung tektonischer Platten,
wie könnte da ein Himalaya entstehen?

∞

„… Und die Elohim sagten zur Erde:
„Lasset uns den Menschen erschaffen
nach unserem Bilde“.“

Die großen Kräfte und die Erde
sind immer noch dabei,
ihn zu erschaffen.
Und wenn sie fertig sind –
in hundert Millionen Jahren vielleicht –,
wird der Mensch „nach ihrem Bilde“ sein.

∞

Wir sind
ein Tropfen
im kosmischen Feld des Bewusstseins,
wir sind aber auch
das gesamte Feld.

Wir können
unser Bewusstsein weiten,
können den Garten,
die Stadt und das Land,
den Planeten und die Galaxie …
in uns aufnehmen,
denn alles
ist aus demselben Stoff
geschaffen.

Das ist, was Gott tut.
Aber er tut es in Wirklichkeit,
während wir es in der Ein-Bildung tun,
weil wir das Bild sind.

∞

Jeden Tag
sollte die Art und Weise,
wie wir das Universum betrachten,
etwas weiter, höher, tiefer werden.
Und eines Tages
wird das ganze Universum
mit seinen Milliarden Milchstraßen
„Ich"
von sich sagen,
„Ich – die Aspiration".

∞

In der gleichen Weise
wie die Zellen der Pflanze
danach streben,
Blume zu werden,
strebt der Mensch nach etwas,
das er noch gar nicht benennen kann.

Nichts kann mächtiger sein
als die Aspiration,
denn sie ist
réalisé d'avance.

Was Sri Aurobindo
uns brachte – das Supramental –
ist *réalisé d'avance,*
Evolution als Nachvollzug.

∞

Lass die Schönheit des Tages
nicht
in ein Schwarzes Loch fallen.
Liebe sie, genieße sie,
lass sie erstrahlen, strahle sie aus.
Diese Segnung ist schon jetzt
und immer
auf ihrem Weg
zurück zu dir.

∞

Die Schwarzen Löcher in uns
sind psychologische Ereignisse,
in denen unsere Energie
in einer Falle
gefangen zu sein scheint –
vergleichbar gewissen Zuständen
des Schlafs oder des Vergessens.

Es ist leicht,
in ein Schwarzes Loch
zu fallen,
schwieriger aber,
aus ihm wieder herauszukommen,
denn es projiziert nichts nach außen.

Durch eine lichtvolle Bewegung aber
können wir uns – wie die Sonne –
daraus emporheben,
denn wir sind auch diese.

Liebe!
Und du bist aus dem Loch heraus.
Denn Liebe reist,
Liebe strahlt
durch Raum und Zeit.

∞

Wenn du vom Menschen sprichst,
beziehst du dann auch
den leeren Raum
zwischen den Galaxien mit ein?

Diese leeren Räume,
die Schwarzen Löcher und die Sonnen,
die Planeten und die Kometen,
all das sind wir:
Es ist
unser kosmischer Körper.

∞

Als der Mensch das Paradies verließ,
geschah dies mit all seinen Göttern,
Archetypen, Totemtieren.
Will er ins Paradies zurückkehren,
muss er sie als eigene Seelenkräfte
wahrnehmen,
sie in sich transformieren
und an sein Zentrum binden.
Er muss sie alle mitnehmen.
Wollte er alleine gehen,
wäre es nicht das Paradies.

∞

Je höher wir gehen,
desto leerer wird es
an Dingen, Namen, Formen
und Gefühlen

Wir sollten fähig werden,
uns in dieser Leere
zu orientieren.

∞

Niemand kann für immer
im höchsten Bewusstsein bleiben,
nicht einmal Shiva.

Ein Yogi zu sein bedeutet,
jene Teile unseres inneren Programms
zu aktivieren,
die in uns noch schlafen.

Wir müssen
eine übermenschliche Anstrengung
machen,
um zu erwachen.

Die Große Mutter
muss es mit uns tun,
und wir müssen es
mit der Mutter tun.

Sie tut es in sich und im Schüler
ohne jegliche Trennung.
Die einzige Trennung
ist im Mental des Schülers.

∞

Das Supramental ist das,
was alles zusammenhält
und all die vielen Sprossen
der Leiter des Bewusstseins
eint.

Das Supramental
bringt dem Mental
Wahrheit.

∞

Wenn
Sein, Bewusstsein und Seligkeit in uns
eins werden,
leben wir in der Wahrheit.

∞

Die Wahrheit
ist zu einfach
für unser mentales Wesen,
das Komplikationen liebt.

Wahrheit
wirkt so unmerklich
wie die Schwerkraft.
Wir müssen für sie nicht einmal
empfänglich sein.

Wahrheit manifestiert sich,
wenn Ganzheit involviert ist.

∞

Um das Zwergen-Wissen

mit dem Wahrheits-Wissen

zu verbinden,

kam 1872

Sri Aurobindo zur Welt.

∞

Ewigkeit,
wenn sie sich bewegt,
wird Zeit.

Zeit,
wenn sie sich in den „Schwanz beißt"
(wie die Schlange Mehen)
wird Ewigkeit.

∞

Weisheit ist das Gewahrsein
all dessen, was man nicht weiß;
jene Wirklichkeit ist ein nicht-endendes Wunder.
Wissenschaft ist das Bestreben,
das Wunder zu analysieren, zu klassifizieren
und jedem Teil einen Namen zu geben.
Das ist gut so.
Aber vergessen wir nicht:
Wir wissen immer noch nichts.

∞

Es ist nicht der Mensch,
der intelligent ist,
es ist nicht der Mensch,
der schön ist.
Es ist das Universum,
das intelligent ist,
es ist das Universum,
das schön ist.
Deshalb ist Intelligenz und Schönheit
im Menschen möglich.

∞

Wenn wir das Universum betrachten,
existiert das Universum,
und durch eine Bewegung der Reflexion
existieren auch wir.

Wenigstens einmal am Tag
sollten wir etwas Besonderes
betrachten und sagen:
„Wie schön bist du!"

Dies ist die Übung,
die dem Universum
Wirklichkeit verleiht.
In diesem Moment
sind auch wir wirklich –
und schön.

∞

Spirituelles Forschen
ist nicht geheimnisvoller
oder mystischer
als materielles Forschen.

Unsere innere Welt
ist ebenso kompliziert
wie die atomare Welt;
beide führen
zur Unendlichkeit
und zum ewigen Jetzt.

∞

Einige lieben es,
Naturgesetze zu entdecken,
andere lieben es,
Wunder zu bestaunen.
Ich aber tue beides zugleich.

∞

Jedes Mal, wenn du
„Baum" sagst,
und das ganze Universum
darin siehst,
befindest du dich
auf dem Weg des Yoga,
denn du fühlst dich nicht länger
als ein getrenntes Wesen.

Yoga bedeutet
Einswerdung durch Identifikation.

∞

Der Sitz eines Yogis ist da,
wo alle Gegensätze
eins werden,
wo Ruhe und Bewegung
eins sind.

∞

Das Bewusstsein der meisten Menschen
ist wie bewegtes, trübes Wasser.
Im kleinen Baby,
im ruhigen Tier
oder im Weisen
ist es wie stilles, klares Wasser,
und du kannst dich darin spiegeln.

∞

Das Eine
hinter den Vielen
zu sehen,
ist erst der Beginn der Einsicht,
weil hinter dem Einen
wieder die Vielen sind.

∞

Erziehung gelingt,
wenn eine Übertragung
von psychologischer Kraft
stattfindet.

Erziehung ist
Übertragung von Bewusstsein.

∞

Ein Baby kann Satori* erfahren,
oder auch ein alter Mensch.
Dazwischen ist es selten und schwierig,
nicht in die Noosphäre
eingetaucht zu sein,
welche das menschliche Denken,
die menschliche Kultur,
die menschliche Sprache hervorruft –
und auch schwierig,
nicht auf kleinen Inseln falscher Sicherheit
zu stranden,
welche die großen und kleinen Religionen
jenen anbieten,
die zu faul und zu träge sind,
ans andere Ufer zu schwimmen.

∞

Unsere Schulen geben Antworten,
statt Koans aufzuwerfen.
Was wichtig ist,
ist nicht die Antwort,
sondern die innere Öffnung,
der Wechsel im Bewusstsein,
die Änderung der Sichtweise,
die ewige Neugeburt.

∞

Die Welt der reinen Logik
ist fremdartiger
als die Welt der reinen Phantasie,
die den kleinen Kindern
normal und vertraut erscheint.
Sie wird aber
von der gleichen Sehnsucht
und triumphierenden Kraft geleitet
wie eine Fuge von Johann Sebastian Bach,
ein Gemälde von Leonardo da Vinci
oder die Dichtung von Valmiki[1].

∞

Wir können keine
Entdeckung machen,
wenn wir nur das Erwartete
im Auge haben.

∞

Das Käppchen[2]
der alten Ägypter
wurde von den Juden
übernommen,
und es wird auch heute noch
von katholischen Priestern und dem Papst
getragen,
obwohl seine Bedeutung,
die beiden Gehirnhälften zu vereinen,
verloren gegangen ist.

∞

---

1. Valmiki ist der Autor des indischen Heldenepos Ramayana.
2. Der Neter Ptah wird immer mit einer blauen Schädelkappe dargestellt.

Es sind nicht Resignation
oder Pessimismus,
die den Sucher des Wissens
halt machen lassen
vor dem ewigen Geheimnis des Seins,
sondern die plötzliche und glückselige
Gewissheit,
dass wir ein Geheimnis
nicht zu verstehen brauchen,
um es zu lieben,
und dass, wenn wir es lieben,
wir es auch kennen können,
ohne sein Geheimnis
zu verletzen.

∞

Früher sah man das Universum
als ein *geschlossenes* System,
dessen verfügbare Energie
sich langsam erschöpft.

Jetzt erkennt man es
als ein *offenes* System[1],
dessen Energien sich ständig erneuern
und immer neue Elemente
in das Feld der Manifestation einbringen.

∞

---

1. Medhananda erläutert das offene und das geschlossene System (Entropie) anhand eines ägyptischen Bildes in *Der Weg des Horus*, S. 27. Dort schreibt er: Wir können einen Stillstand, einen Verlust an Effizienz, vergleichsweise auch in geschlossenen religiösen, kulturellen und philosophischen Systemen beobachten. Dies kann uns lehren, nie nach einem geschlossenen spirituellen System zu trachten. Das Geistige ist Energie, und Spiritualität muss offen sein, damit die Sammlung von immer neuen Energien möglich ist.

Für den größten Narren
und den größten Weisen
ist das Universum
gleichermaßen unverständlich.
Die Illusion des Verstehens
gehört den Philosophen dazwischen.
Begnügen wir uns,
ein Narr zu sein,
der vor dem gänzlich
Unverständlichen steht.

∞

Die Zeit ist eine Erfindung
des analytischen Mentals,
das den Prometheus in uns
an die Materie bindet.

So, wie unser analytisches Mental
heute auf die Zeit
fixiert ist,
wird die neue Menschheit
ein Lichtmental haben,
das unablässig auf die Ewigkeit
fixiert sein wird.

∞

Wir können die Ewigkeit
nicht mit der Zeit
messen,
aber wir können sie
zwischen dem Jetzt
und dem nächsten Moment
umarmen.

∞

Nur ein Fossil
hat sein Paradies
in der Vergangenheit.

∞

Yoga bedeutet zu wachsen.

Ein Yogi zu sein, bedeutet,
groß und weit zu sein.
Groß und weit zu sein, bedeutet,
stets weiterzugehen,
um die Tiefe und Leere aller Dinge
auszumessen
mit der Höhe und Fülle
seines eigenen Wesens.

∞

Wir können das Unendliche
nicht ausmessen,
nicht einmal mit der
Königlichen Elle der Neteru*,
aber wir können es
in unserem innersten Herzen
mit den „Armen" der Liebe
zu halten versuchen.

∞

Ja,
Ewigkeit
ist nur ein Gedanke,
aber nicht ein menschlicher Gedanke.
Wenn wir die ganze Zeit „Ewigkeit" denken,
sind wir bereits auf dem Weg
der Einswerdung mit dem Göttlichen.

∞

Wir müssen lernen,
wie wir nach den
verborgenen und offenen Unendlichkeiten
suchen können,
auf dass sich diese
in unserem Denken und Leben
entfalten mögen.

Nur das Unendliche
vermag,
unsere Beschränktheit,
unsere Grenzen
wegzunehmen.

In unserer Essenz
sind wir unendlich,
und indem wir uns
unseren Unendlichkeiten
unablässig öffnen,
überwinden wir
unsere Beschränktheit
und erlangen
die Fülle unseres Seins.

∞

Man kann eine Glocke zum Klingen bringen,
ohne die Bedeutung davon zu kennen.
Es hat eine Wirkung in sich selbst.

∞

Ein Obelisk
ist wie der ständig erhobene
Zeigefinger
eines Zen-Meisters,
der Achtsamkeit lehrt.

∞

Spiritualität beginnt immer
mit einer befreienden Bewegung.
Man bricht aus seinem mentalen Käfig aus,
entfaltet seine spirituellen Flügel
und fliegt aus der Zeit heraus
in die zeitfreie Weite
seiner wahren Heimat.

Da ist nichts über dir,
nichts hindert dich,
für immer
all die Schönheit zu sein,
die war,
die ist,
und die sein wird.

∞

Weil Gott
reine Seligkeit ist,
kann es nicht
eine Nicht-Seligkeit,
ein Nicht-Bewusstsein oder
ein Nicht-Sein geben.
Sein, Bewusstsein und Seligkeit[1]
erstrecken sich über viele Stufen der Intensität.
Und selbst die untersten Stufen
auf der Leiter
sind nie völlig Nicht-Das.
Null-Seligkeit ist immer noch Seligkeit,
die Null spielt.

∞

---

1. Siehe im Glossar *Sat-Chit-Ananda*

Wahren Glauben zu haben,
heißt nicht,
an die Autoritäten der Vergangenheit zu glauben,
an die religiösen Gemeinschaften oder Organisationen,
an die Zeremonien oder heiligen Bücher,
an die Formeln oder die vergangenen Wunder,
sondern in sich
die geheime Gewissheit zu entdecken und zu bewahren
(mag diese im Moment noch so verschleiert sein),
dass jedes Ding,
dass das ganze Universum,
und wir selbst
eine Bedeutung haben,
und dass diese Bedeutung wie ein Versprechen ist,
ein Versprechen unseres endgültigen Sieges –
wenn dieser auch noch so weit entfernt sein mag.

∞

Alles in diesem Universum
ist Teil
der Kybernetik des Geistigen.
Jeder Partikel, jedes Wesen
enthält ein Programm,
eine ferne und geheime Bestimmung.
Dieses Programm wahrzunehmen,
es entziffern zu lernen,
es lesen zu können,
und ihm treu zu bleiben,
das ist es,
was Glauben bedeutet.

∞

Um ein getreues Bild der Wahrheit
zu sein,
müssen wir
den Himmel auf Erden spiegeln –
im Schweigen der Gedanken
und in der Stille des Herzens.

Um ein getreues Bild der Wahrheit
zu sein,
müssen wir –
von der höchsten Ebene unseres Wesens her –
das spiegeln und evolvieren,
was in uns bereits involviert ist.

∞

Die wahre Religion
ist die weite Leere,
aus der das Universum kam,
und in die wir immer wieder zurückkehren.

∞

Nur eine totale Hingabe
an das höchste Bewusstsein,
an den Weg, der aus jedem System hinausführt,
kann das ändern,
was das System hervorbringt – die Phänomene,
indem es die Konstruktionen transzendiert
und zu dem Bewirkenden der Konstruktion vordringt,
zu dem,
was supramechanisch und supramental ist.

∞

Wo der Körper nur eine Art Spielzeug ist,
das Spielzeug von dem,
was auch ohne Körper ist,
wo das Denken immer ein Spiel ist,
das Spiel von dem, was auch ohne Gedanken ist,
wo Geburt und Tod
transparente Schleier sind
von dem,
was nie geboren wurde
und nie sterben wird,
da ist das ICH BIN,
das niemals der Zeit unterworfen ist,
es nie war und auch nie sein wird.

∞

Auf der Ebene
unserer grundlegenden Schwingung
ist freier Wille.

Was vom Universum
zu uns kommt,
haben wir gewählt.

Freier Wille bedeutet,
unsere grundlegende Schwingung
ändern zu können.

Dankbarkeit
ist ein Weg,
sie zu ändern.

∞

Unsere grundlegende Schwingung
ändert sich nicht,
wenn wir denken, handeln oder ruhen.
Sie ist das, was wir *sind* –,
und sie strahlt unaufhörlich aus.

∞

Wenn du
„Stuhl" sagst oder „Baum" oder „ich",
vergiss nicht
den Rest des Universums
in Raum, Zeit und Ewigkeit.

∞

Die Rose
ist nicht weniger wirklich
und ewig-lebend,
weil sie hier
nur für kurze Zeit
sichtbar ist.
Die gleiche Rose,
die Omar Khayyam[1] sah,
ist immer noch da.
Sie ist ewig.

∞

Ein Erzengel
ist nicht näher bei Gott
als du
oder
ein Insekt.

∞

---

1. Omar Khayyam (1048-1131) war ein persischer Mathematiker, Astronom,
Astrologe, Kalenderreformer, Philosoph, und er war auch ein berühmter
Dichter.

„Gott":
ein Verb:
das Eine *sein*, das Einssein *sein*.

In dem Moment, da wir
mit allem eins sind,
sind wir Gott.

∞

Wir brauchen keine Seele,
um in das Eine zu gehen,
wir können gar nie aus ihm hinausgehen.
Aber wir brauchen eine individuelle Seele,
um mit Gott
das Spiel der Zwei-in-Einem
zu spielen.

∞

Liebe
ist immer
eine Wirklichkeit und eine Wahrheit,
und Identifikation
eine Seinsweise.

∞

Identifikation
ist immer
ein Sich-spiegeln –
ein plötzliches Zusammenkommen,
eine gegenseitige Entdeckung
des einen in dem anderen,
die im Grunde eins sind.

∞

Das Paradox gehört zum
höchsten Wissen.
Nur das Paradox
kann die Fülle des Lebens
ausdrücken.

∞

Die äußerste Identifikation
ist immer die mit sich selbst.

Die äußerste Forschung
führt zur Entdeckung
seiner selbst.

Unser äußerstes Ziel
bleibt immer dasselbe:
Erkenne dich selbst.

∞

Wäre diese Welt
eine Dualität,
gäbe es etwas
zu erobern.

Aber in einer Welt
des Einsseins
gibt es nichts zu erobern:
Das, was wir Materie nennen
erobert sich selbst.

∞

Zwei in Einem

Zwei,
die Verschiedenheit kennen
und sie benennen.

Zwei,
die sich halten,
damit „Zwei als Eines" walten.

Zwei und doch Eines –
ein seltsam' Geheimnis.

∞

Das Geistige ist unglaublich solide.
Es ist wie Diamant.
Im Vergleich dazu
ist die Materie nur
wie eine Wolke von Möglichkeiten.

∞

Das Steinzeitalter

endete 1956

mit

der supramentalen Manifestation.

Glossar

Ananda, S. 27, 35
Sanskritwort für Seligkeit, Wonne, die universelle Kraft der Seligkeit, die in allem Sein und Bewusstsein mitenthalten ist. Siehe auch *Sat-Chit-Ananda*.

Ananda-maya-kosha, Körper der Freude S. 100
In der indischen Psychologie kennt man fünf Körper-Hüllen, die sogenannten Koshas:
Anna-maya-kosha, der physische Körper,
Prana-maya-kosha, der vitale Energie-Körper,
Mana-maya-kosha, der mentale Körper,
Vijnana-maya-kosha, der Körper der Intuition und Erleuchtung,
Ananda-maya-kosha, der Körper der Seligkeit.
Letzterer ist unsere größte Hülle (im Märchen auch „Glückshaut" genannt). Weil er als Matrix den Aufbau aller anderen Körper bewirkt, wird er auch „Kausalkörper" genannt.

Asura, S. 60
ist ein Sanskritwort für Dämon, Titan – eine kosmische Kraft, die sich der göttlichen Ordnung und der göttlichen Absicht (der Evolution des Bewusstseins) widersetzt. Asura-Wesen haben sich von der Einheit des Seins getrennt. Sie versuchen Einfluss auszuüben auf Menschen, und so sind in diesen ebenfalls asurische Kräfte wirksam – als Vibrationen der Herrschsucht, der Macht und des Egoismus, der Habgier, der Rücksichtslosigkeit und des Neids etc. Der Mensch wird in der indischen Psychologie als ein Kampffeld gesehen, wo Asuras und Devas (Dämonen und Götter, begrenzte und unbegrenzte Kräfte) miteinander kämpfen.

Aurobindo, Sri, S. 8, 9, 18

1872-1950, in Kalkutta (Indien) geboren, verbrachte auf Wunsch seines Vaters seine Schul- und Studienzeit in England, kehrte 1893 nach Indien zurück und wurde Direktor des ersten national-indischen Colleges in Kalkutta. Er kämpfte für ein unabhängiges Indien und wurde von der britischen Regierung als politischer Revolutionär verfolgt und 1908 verhaftet. Während der einjährigen harten Gefängniszeit in Alipur wurden ihm große spirituelle Erfahrungen zuteil, die in ihm eine tiefgreifende Wandlung bewirkten. Nach seiner Freilassung zog er sich nach Pondicherry in Südindien zurück (damals französisches Territorium), um sich ganz auf die innere Arbeit zu konzentrieren und „Instrument" zu werden für das von ihm wahrgenommene neue, intensivere Bewusstsein, das er später das „supramentale Bewusstsein" oder das „Wahrheitsbewusstsein" nannte. Das jetzige mental-rationale Bewusstsein ist nicht die höchste Stufe der Evolution. Ein Bewusstseins-Sprung kann durch das supramentale Bewusstsein bewirkt werden, weil dieses im Grunde bereits in allem involviert ist. Ohne Involution könnte keine Evolution stattfinden. Die Kraft, die „von unten ruft" und diejenige, die „von oben antwortet", sind zwei Pole derselben Wirklichkeit.

Der integrale Yoga Sri Aurobindos

Mit Yoga ist ein Arbeiten am Bewusstsein gemeint. Durch Aspiration strebt man danach, sein Wesen an das höchste Bewusstsein, das Göttliche „anzujochen" und Eins-Sein zu realisieren. In Indien kennt man verschiedene Disziplinen und Wege, die dazu führen: Im Karma-Yoga wird selbstlose aufopfernde Arbeit geübt; im Bakti-Yoga Liebe und Hingabe an das Göttliche; im Jnana-Yoga Erkenntnis, Wissen durch direktes Wahrnehmen; im Raja-Yoga das Schweigen der unaufhörlichen Denkaktivität, um wahrzunehmen, was jenseits des Mentals liegt, und sich damit zu vereinigen (zu identifizieren).

Im integralen Yoga Sri Aurobindos werden all diese verschiedenen klassischen Yoga-Wege integriert. Nicht ein Zurückziehen von der Welt wird angestrebt, sondern eine Vervollkommnung aller Wesensteile: Körper, Vital, Mental sollen durch Aspiration und Hingabe, durch selbstloses, dem Göttlichen geweihtes Wirken in der Welt, durch ein Sich-Öffnen für das höchste Wahrheitsbewusstsein (das Supramental) geläutert und transformiert werden. Yoga bedeutet essenziell eine innere psychologische Arbeit, welche die Umwandlung der gewöhnlichen Natur des Menschen zum Ziel hat.

Sri Aurobindos zahlreiche Werke – unter anderem *Die Synthese des Yoga, Das Göttliche Leben, Die Mutter, Das Ideal einer geeinten Menschheit, Essays über die Gita*, seine Gedichte und vor allem sein großes Epos *Savitri* – repräsentieren nicht nur eine Synthese der westlichen und östlichen Kultur, sondern sind unmittelbarer Ausdruck der fortschreitenden Höherentwicklung seines Bewusstseins.

Avatar, S. 84

Ein Avatar ist eine direkte Inkarnation des Göttlichen in seiner Manifestation, um den nächst höheren Schritt in der Evolution möglich zu machen. Die Puranas (hinduistische Schriften, die etwa um 400 n. Chr. bis 1000 n. Chr. entstanden, jedoch oft auf Inhalte der älteren Veden zurückgreifen) erzählen in mythologischer Weise von 10 Avataren, die Vishnu (das Göttliche) auf sich genommen hat. Sie symbolisieren zehn Entwicklungsstadien des Lebens auf Erden:
Fisch (Leben im Wasser), Schildkröte (Übergang vom Leben im Meer auf das Land), Eber (Landlebewesen, Säugetier), Löwe-Mensch (Übergangswesen zwischen Tierreich und Hominiden), Zwerg (Mensch mit kleinem Mental), Krieger Parashurama (kämpft gegen Unrecht), König Rama (mentaler Mensch, der Meisterschaft über sein inneres Wesen erlangen will), Krishna (spirituelles Leben), Buddha (Befreiung vom Leiden), Kalki (kommt am Ende des Kali Yugas, wird das Leben in eine höhere Bewusstseins-Ebene transformieren).

Bewusstsein, S. 21, 87

Bewusstsein, ist viel weiter und umfassender als das rationale Denken (mit dem sich unsere Epoche immer noch einseitig identifiziert). In der lateinischen, französischen und englischen Sprache bedeutet Bewusstsein dem Wortsinn nach Mit-wissen, Teilhabe am Wissen [conscientia, conscience, consciousness]. Diese Teilhabe kann – wie uns die Bewusstseins-Entwicklung der Menschheit zeigt – sowohl in magischem als auch in mythischem oder mentalem oder übermentalem Bewusstsein geschehen. In der Evolutionsgeschichte der Menschheit, sowie in der Entwicklung eines jeden einzelnen Menschen, lassen sich ganz verschiedene Realitätsformen des Bewusstseins, ganz verschiedene Bewusstseins-Strukturen erkennen:

Bewusstseins-Strukturen (-Ebenen, -Stufen, -Frequenzen), S. 9, 22

Sri Aurobindo erkennt verschiedene Bewusstseinsstrukturen im Menschen. Er spricht von einem physischen, einem vitalen, mentalen, übermentalen und supramentalen Bewusstsein.

Auch Jean Gebser, der in Deutschland geborene Kulturphilosoph und Bewusstseinserforscher (1905-1973), erkennt, wie Sri Aurobindo, verschiedene Bewusstseinsstrukturen im Menschen und erläutert diese ausführlich in seinem Hauptwerk *Ursprung und Gegenwart*. Er nennt sie: Das archaische, das magische, das mythische, das mentale Bewusstsein und das heute sich herausbildende integrale Bewusstsein.

In *Der unsichtbare Ursprung* schreibt er: „Dass es [das neue integrale Bewusstsein] heute weckbar ist, zeigt, dass es bereits in uns veranlagt ist, dass also die heute sich vollziehende Bewusstseins-Steigerung oder -Mutation – soweit sie als evolutives Geschehen gewertet wird – ein Nachvollzug ist, der dauernd aus der geistigen Kraft und der Transparenz des Unsichtbaren genährt wird. Hinzukommt, dass sich das wirklich Neue, wenn wir es zu ahnen beginnen, bereits ereignet hat... Mein Konzept von der Herausbildung eines neuen Bewusstseins, das mir im Winter 1932/33 in einer blitzartigen Eingebung bewusst wurde und das ich seit 1939 darzustellen begann, ähnelt weitgehend dem mir damals dokumentarisch nicht bekannten Weltentwurf Sri Aurobindos... Eine Erklärung für das hier auftauchende Phänomen sehe ich darin, dass ich in irgendeiner Form in das geistige, ungemein starke und durch Sri Aurobindo ausstrahlende Kraftfeld einbezogen war ..."

In der folgenden Aufzählung der verschiedenen Bewusstseins-Stufen verwenden wir die Bezeichnungen von Sri Aurobindo:

physisches Bewusstsein
Dazu gehören Körperempfindungen wie Hunger, Schmerz, Müdigkeit etc.

subtil-physisches Bewusstsein, siehe *Subtil-Physisches*

vitales Bewusstsein
Zu unserer Lebens-Natur gehören Sinneseindrücke, Emotionen, Gefühle, Wünsche, Leidenschaften, Anziehung und Abstoßung und der Drang, in der Welt zu handeln.

mentales Bewusstsein
Es ist jener Bereich in uns, der mit der Gedankenwelt, dem Verstand, der Vernunft, der Intelligenz zu tun hat. Sri Aurobindo erkennt innerhalb des mentalen Bereichs verschiedene Stufen des Denkwesens, die er in den Werken *Die Synthese des Yoga* und *Das Göttliche Leben* ausführlich beschreibt. Das Denken kann in mehrere Funktionsarten eingeteilt werden:

Physisches oder mechanisches Mental
Die mechanische, von Sinneseindrücken beeinflusste Gedankenaktivität.

Vitales Mental
Das von Emotionen, Gefühlen und Wünschen getriebene Denken.

Intellektuelles, analytisches, rationales Mental
Das intellektuelle, analytische, zu Begrenzungen tendierende Mental ist laut Sri Aurobindo eine relativ niedrige mentale Fähigkeit, hat aber im heutigen gesellschaftlichen Leben den höchsten Stellenwert.
In *Das Göttliche Leben* I (Kap. 24 „Materie") sagt Sri Aurobindo: „Das Mental, wie wir es kennen, erschafft nur in einem relativen, instrumentalen Sinn. Es hat unbegrenzte Macht zur Kombination, aber seine *schöpferischen* Motive und Formen kommen zu ihm von *oben*: Alle geschaffenen Formen haben ihre Basis im Unendlichen, oberhalb von Mental, Leben und Materie. Sie werden hier aus dem Infinitesimalen repräsentiert, rekonstruiert – gewöhnlich stark misskonstruiert." Ihre Wurzeln sind oben, ihre Verzweigungen gehen nach unten, sagt der Rig Veda.

Die höheren Stufen sind in unseren überbewussten Wesensteilen bereits potenziell vorhanden; sie sind in uns laut Sri Aurobindo bereits involviert, aber bei den meisten Menschen noch nicht evolviert.

Höheres Mental (Higher Mind)

Ein leuchtendes Gedanken-Mental, das über eine stärkere Gedanken-Kraft und eine umfassendere mentale Sicht verfügt, welche überall Zusammenhänge, Verbindungen, Gemeinsames erkennt. Auf dieser Ebene ist man sich stetig und überall des Selbstes und des Einen (Ganzen) bewusst.

Erleuchtetes Mental (Illumined Mind)

Es ist nicht mehr nur ein Mental höheren Denkens, sondern ein Bewusstseinszustand spirituellen Lichtes. Hier tritt anstelle der bloßen Klarheit der Intelligenz die intensive direkte Wahrnehmung.

Intuitives Mental (Intuition)

Es ist ein Bewusstsein, das näher am Wissen durch Identität liegt als die zuvor erwähnten Bewusstseinsgrade. Was im *Höheren Mental* das verbindende Gedanken-Wissen ist und im *Erleuchteten Mental* die direkte Wahrnehmung, ist hier das direkte Sehen der Intuition. Diese wahre und authentische Intuition muss von der Kraft der gewöhnlichen mentalen Vernunft unterschieden werden, die nur allzu leicht mit ihr verwechselt werden kann. Die Intuition ist eine Kraft, die plötzlich und in einem einzigen Sprung zur Erkenntnis kommt und nicht die üblichen Schritte des logischen Mentals durchlaufen muss. Sri Aurobindo sagt dazu: „Wäre das Bewusstsein … immer offen für das Wirken der Intuition, wäre es nicht möglich, dass Irrtum sich einmischt. Denn die Intuition ist ein scharfer Lichtstrahl, der vom verborgenen Supramental ausgesandt wird."

In *Die Synthese des Yoga*, im Kapitel „Auf dem Weg zur supramentalen Zeitschau" schreibt Sri Aurobindo: „Jedes intuitive Wissen rührt mehr oder minder direkt von dem Licht des sich seines Selbst bewussten Geistes [Spirit] her, das in das Mental eindringt. Der hinter dem Mental verborgene Geist ist sich aller Dinge in seinem Selbst und in dem Selbst aller Anderen bewusst. Er ist allwissend und fähig, das unwissende oder sein Selbst vergessende Mental aus seiner Allwissenheit entweder durch seltene oder durch ständige Lichtblitze oder durch ein stetig einströmendes Licht zu erleuchten."

Übermentales Bewusstsein (Overmind, Übermental)
Der Overmind, das übermentale Wahrnehmen, bildet eine Verbindung zum supramentalen Bewusstsein, das Sri Aurobindo auch Wahrheitsbewusstsein nennt. Von diesem höchsten Wahrheitsbewusstsein vermag der Overmind einzelne Wahrheiten als separate Identitäten herunterzubringen. Das Übermental ist quasi ein Delegierter des supramentalen Bewusstseins, ein Botschafter für die an sich noch in der kosmischen Unwissenheit befindlichen Seinsebenen.

Supramentales Bewusstsein (Supermind, Supramental)
Über oder jenseits der verschiedenen mentalen Strukturen wirkt – so Sri Aurobindo – ein supramentales Bewusstsein, ein Wahrheitsbewusstsein, eine göttliche Gnosis. Dieses höchste, universelle Bewusstsein (es ist gleichzeitig auch der Urgrund von allem) existiert und wirkt in der Wahrheit, in der Wesens-Einheit – und nicht, wie das Mentale, in ihren vordergründigen Erscheinungen und Teilungen. Das Supramental ist Wissen durch Identität, kennt auf diese Weise das Selbst, das Sat-Chit-Ananda (Sein-Bewusstsein-Seligkeit), die Wahrheit in allen Manifestationen, den Ursprung allen Seins.
Medhananda: „Das Supramental ist das, was alles zusammenhält, ist das, was die ganze Leiter des Bewusstseins eint. Das Supramental bringt dem Mental Wahrheit."
Unser begrenztes physisches, vitales und mentales Bewusstsein kann durch Konzentration auf eine höhere, intensivere Bewusstseinsstruktur in uns gewandelt werden. Sri Aurobindo und auch Jean Gebser sehen diesen Prozess in der Evolution als bereits vorgezeichnet. Wir leben in einer Übergangsphase.

Bhagavad Gita, Krishna und Arjuna, S. 49

Bhagavad Gita, Sanskrit für „göttliches Lied", ist Teil des großen indischen Epos Mahabharata, dessen Kern vor ca. 3000 Jahren entstand, dem aber während der folgenden Jahrhunderte von verschiedenen Sehern und Weisen Ergänzungen hinzugefügt wurden. Im Mahabharata wird erzählt, wie fünf Prinzen (die Pandavas) durch eine List ihrer Vettern (der Kauravas) ihrer Rechte im Königreich beraubt werden und 13 Jahre ins Exil gehen müssen. Als sie zurückkehren und ihren Anteil am Königreich immer noch nicht erhalten, kommt es zum Kampf in der Schlacht von Kurukshetra. Arjuna (einer der fünf Pandavas) möchte aber nicht gegen seine eigenen Verwandten kämpfen. Da belehrt ihn sein Wagenlenker, dass dies – in egofreier Haltung ausgeübt – notwendig ist. Dieser Wagenlenker enthüllt sich ihm als Gott Krishna. Das Gespräch der beiden symbolisiert die Zwiesprache zweier Bewusstseinsebenen in uns selbst: Arjuna steht für unser vordergründiges, begrenztes Ich, und Krishna für unser göttliches Selbst, unser psychisches Wesen, das uns führt (unseren Wagen lenkt). Es ist ein Gleichnis für unseren inneren Kampf um unser psychologisches, spirituelles Reich.

Brahman, S. 14, 72

Brahman steht in der hinduistischen Psychologie für das Gewahrsein unseres höchsten, wahren, unvergänglichen Selbstes. Brahman ist die unendliche, universale, immanente und transzendente Wirklichkeit, welche der ewige Urgrund alles Seienden ist. Obwohl attributlos, wird Brahman auch als Sat-Chit-Ananda (Sein-Bewusstsein-Glückseligkeit) erfahren.

Die Mutter S. 35, 61

In Indien wird das universale, kreative Bewusstseinsprinzip Mutter oder auch Shakti (Energie) oder auch das kreative Prinzip genannt. Im Christentum entspricht diese hohe spirituelle Kraft dem Heiligen Geist (auch Paraklet genannt oder Hagia Sophia = heilige Weisheit), in der jüdischen Mystik der Shekina oder Ruach (weiblich gesehen). Die große universale Mutter hat viele Aspekte und Erscheinungsweisen, sie zeigen sich vor allem in den vier göttlichen Kräften: Weisheit, Liebe, Vollkommenheit und Macht der Umformung. Sri

Aurobindo erläutert in seinem Buch *Die Mutter* diese vier großen „Mutter"-Kräfte, die in Indien Maheshvari, Mahalakshmi, Mahasarasvati und Mahakali genannt werden und allem immanent sind, aber auch alles transzendieren. Am Schluss des Buches erwähnt er auch noch eine fünfte Mutter; ihr Wesensaspekt ist Seligkeit (Ananda). Diese manifestiert sich nur ganz selten, weil die Menschen noch zu wenig empfänglich für sie sind.

Die verschiedenen Kräfte der einen großen kosmischen Mutter können wir auch in uns wahrnehmen und intensivieren und durch Aspiration immer mehr zu verwirklichen versuchen, so wie Medhananda, der in *An den Ufern der Unendlichkeit*, S. 135 schreibt: „Ich nenne es Sie, doch ist es weder Er noch Sie. Aber wie soll ich dieses Etwas nennen, das ganz Zärtlichkeit ist, ganz mütterliche Gegenwart in mir?"

Sri Aurobindo gab seiner spirituellen Gefährtin, der Französin Mirra Alfassa den Namen Die Mutter, weil er erkannte, dass sich die großen göttlichen Kräfte in ihr manifestierten, und sie diese verwirklichte (inkarnierte).

Sri Aurobindo sagte zu einem seiner Schüler: „Es gibt eine göttliche Kraft, die im Universum und im Individuum wirkt und auch jenseits des Individuums und des Universums ist. Die Mutter steht für all dies, aber sie wirkt hier im Körper, um etwas herabzubringen, was in dieser materiellen Welt noch nicht zum Ausdruck gekommen ist, um das Leben hier zu transformieren – deshalb solltet ihr sie als die göttliche Shakti betrachten, die hier zu diesem Zweck wirkt."

So spricht denn Medhananda in seinen Berichten auch oft von der Mutter in dieser Personifikation.

Mirra Alfassa, 1878-1973, mit ägyptisch-türkischen Wurzeln, wurde in Paris geboren, war seit ihrer Kindheit auf dem spirituellen Weg mit vielen Erfahrungen und Realisationen, kam nach Aufenthalten in Algerien und Japan 1920 zu Sri Aurobindo nach Pondicherry (Süd-Indien) und wirkte mit ihm zusammen als Guru (spiritueller Lehrer) für die zunehmende Zahl der Sucher und Schüler auf dem Weg des integralen Yoga. Ab 1926 war sie verantwortlich für die Ashram-Gemeinschaft und gründete 1952 das Sri Aurobindo International Centre of Education und 1968 die internationale Stadt Auroville.

Einssein, das Eine, die Einheit des Seins, S. 17, 22, 39
Medhananda meint damit eine alles miteinbeziehende Ganzheit,
eine Komplexität, keinesfalls eine Reduktion, nicht eine monotone
„Eins" (den Anfang einer Zahlenreihe), sondern etwas Allumfassendes (einen polyphonen Zusammenklang).

Einsteins berühmte Formel, S. 18, 133
$E = mc^2$: E = Energie, m = Masse, c^2 = Lichtgeschwindigkeit im Quadrat.
Masse/Materie, die mit Lichtgeschwindigkeit im Quadrat multipliziert wird, ist reine Energie, – oder umgekehrt gesagt: Energie ist Masse, welche mit der Lichtgeschwindigkeit im Quadrat multipliziert ist.

Ewiges Kind, S. 61, 135
Sri Aurobindo sagt in einem Aphorismus: „Was ist denn nun Gott? Ein ewiges Kind, das in einem ewigen Garten ein ewiges Spiel spielt." Siehe Sri Aurobindo, *Thoughts and Glimpses*, Kapitel: „The Delight of Being".
Den Archetyp Kind erläutert Medhananda anhand ägyptischer Bilder ausführlich im Buch *Das altägyptische Senet-Spiel*, S. 251.

Feder der Wahrheit, S. 69
Wahrheit wurde im alten Ägypten mit Maat dargestellt, die auf allen Bildern stets eine Feder auf dem Kopf trägt. Wenn wir unser wahres Wesen, unsere innere Wahrheit erkennen, werden wir leicht und schwerelos wie eine Feder. Es gibt viele unterschiedliche Wahrheiten; je größer eine Wahrheit ist, desto leichter werden wir durch sie. Medhananda erläutert die Feder der Wahrheit ausführlich in *Der Weg des Horus*, S. 102, und in *Das altägyptische Senetspiel* S. 151.

Formel von A. Einstein, siehe *Einsteins berühmte Formel*.

Fünfte Mutter, S. 89, siehe *Die Mutter*.

Gnosis, S. 72

Medhananda verwendet das Wort Gnosis im Sinne eines tieferliegenden, allem Seienden innewohnenden (aber nicht allem Seienden bewusst gewordenen) Wissens, eines psychologischen Selbst-Wissens, einer Selbsterforschung, Selbst-Erkenntis (das *Gnothi seauton* am Apollotempel der Griechen), ein Wissen durch Identität – und in Anlehnung an Sri Aurobindos Werk *Das Göttliche Leben*, in dem „Gnosis" auf 50 Seiten erläutert wird (im Buch II, Teil 2).

Goldener Horus S. 33

„Der Pharao wird zum goldenen Horus" deutet auf eine innere Transformationsarbeit hin, welche die alten Ägypter in drei Schritten ausdrückten:

1."Horus kämpft mit Seth." 2. „Horus und Seth besiegen Seth." 3. „Der goldene Horus wird geboren."

1. Unsere helle (ganzheitlich ausgerichtete) Seite kämpft gegen die dunkle (entzweiende, dualistisch ausgerichtete) Seite, projiziert sie von sich weg auf das Gegenüber.

2. Unsere helle Seite beginnt, die dunkle Seite anzunehmen, sie wird bewusst.

3. Helle und dunkle Seite erkennen sich als ergänzende Pole einer Ganzheit, sie werden uns bewusst, werden transparent, „golden" – wie das Zwielicht (wenn Tag und Nacht sich begegnen, und es keine „Schattenprojektionen" mehr gibt).

Goldenes Zeitalter (Sanskrit: Satya-Yuga), S. 33

Eine Epoche, in der eine hinreichend stabile Harmonie geschaffen wird, in welcher der Mensch eine Zeit lang (unter gewissen Bedingungen und Beschränkungen) die Vollkommenheit seines Daseins, sein innerstes Lebensgesetz (Dharma) voll verwirklichen kann. Das „golden" bezieht sich auf einen *psychologisch* wissenden Zustand. Im Hinduismus sagt man, dass ein goldenes Zeitalter (in Indien Satya-Yuga genannt) von anderen, psychologisch weniger heilen Zeitaltern abgelöst wird. Diese werden silbernes, bronzenes, eisernes Zeitalter (Treta-Yuga, Dvapara-Yuga Kali-Yuga) genannt. Sie folgen sich in einem Zyklus und führen schließlich erneut in ein goldenes Zeitalter der Wahrheit.

Integraler Yoga Sri Aurobindos, S. 18, siehe unter *Aurobindo, Sri.*

Involution S. 10, 21
Laut Sri Aurobindo bedingt die Evolution eine ihr vorausgegangene
Involution: Die höchste Bewusstseinskraft hat sich in die Materie,
in den Zustand tiefster Unbewusstheit involviert („eingerollt").
Aus diesem unbewussten Zustand evolviert („entrollt") sie sich
im Laufe der Zeit wieder und manifestiert sich auf stets höheren
Bewusstseinsebenen. Sri Aurobindo beschreibt diese Bewusstseinsstufen in seinen Werken als das physische, vitale, mentale,
übermentale und supramentale Bewusstsein; der Kulturphilosoph
Jean Gebser beschreibt sie in seinen Werken als das archaische,
magische, mythische, mentale und integrale (oder aperspektivische,
arationale) Bewusstsein. Sri Aurobindo schreibt in *The Supramental
Manifestation*, S. 235: „Das Wort Evolution trägt in seiner innersten
Bedeutung, in der Idee an seiner Wurzel, die Notwendigkeit einer
vorausgegangenen Involution. Alles, was evoliert, existierte schon
vorher *involviert*, passiv oder auch verhüllt aktiv, aber in beiden
Formen in der Hülle der materiellen Natur verborgen." Der Ausdruck Evolution wird bei ihm immer in Verbindung mit Involution
verwendet.

Kali-Yuga (Sanskritwort für eisernes Zeitalter) S. 69, siehe *Goldenes Zeitalter.*

Kausalkörper, S. 140, siehe *Ananda-maya-kosha*

Kreisbewegung ewiger Wiederkehr, S. 39
Sri Aurobindo sagt: „Die Evolution hat eine Intention, aber es ist
eine Intention in einem Kreis. Es ist keine gerade Linie der Pro-
gression vom Nicht zum Ist, vom Weniger zum Mehr." Siehe Sri
Aurobindo, SABCL, XVII, *The Hour of God and other Writings*, 148
(Kapitel „Words of the Master"). An anderer Stelle sagt er: „Es ist
wahr, dass die Bewegung der Welt nicht in einer geraden Linie
verläuft, es gibt Zyklen, es gibt Spiralen; aber dennoch kreist sie,
nicht immer um denselben Punkt, sondern um ein immer weiter
fortschreitendes Zentrum, und deshalb kehrt sie nie genau auf ihren

alten Weg zurück und geht nie wirklich rückwärts. Stillstand ist eine Unmöglichkeit, eine Täuschung, eine Fiktion." Sri Aurobindo, siehe SABCL, XVI, *The Supramental Manifestation and other Writings*, 317 (Kapitel „Conservation and Progress").

Mirra Alfassa, siehe *Die Mutter*

Moses' des 20. Jahrhunderts, S. 133
Medhananda spielt hier auf die Quantenphysiker an, die entdeckten, dass die Materie sowohl Korpuskel als auch Welle (Schwingung) ist, darunter z. B. Erwin Schrödinger, Louis de Broglie, Niels Bohr, Werner Heisenberg, Max Born, Albert Einstein und andere. Siehe auch unter *Quantenphysik*.

Mutter, siehe *Die Mutter*

Nada Brahma, S. 122
Nada bedeutet im Sanskrit Klang (Schwingung) vor einem Hintergrund der Stille (im Spanischen heißt Nada Nichts). Brahma ist die kosmische Urkraft, aus der alles Sein hervorgeht. Schon die alten Inder haben wahrgenommen, dass die Welt Klang (Schwingung) ist. Ebenso erkannten die Quantenphysiker, dass alle sogenannt materiellen Körper /Korpuskel auch Welle, Schwingung (Klang) sind.

Neteru, S, 37, 158
Die Ägyptologen übersetzen Neteru mit „Götter", Medhananda mit „Seelenkräfte", „die ewigen Bewegungen im Menschen". Als Hieroglyphe wird Neter (Einzahl von Neteru) mit einer Fahne und einer Schlange dargestellt: wir sind wie eine Fahne, die durch aus verschiedenen Richtungen kommende Winde bewegt werden (wobei diese mit einer Schlange, Symbol für Schwingungen/ Vibrationen, dargestellt werden.) Medhananda erläutert die Neteru ausführlich in *Der Weg des Horus*, S.43-57.

Nirvana, S. 65
Sanskritwort für das Hinausgelangen aus dem Kreislauf des Leidens, des Daseins, der Wiedergeburten (Samsara) durch ein Loslassen aller

Anhaftungen an die egobezogenen vitalen, emotionalen, mentalen Bewegungen und ein Freiwerden zur absoluten Transzendenz.

Psychisches Wesen (psychic being), das Seelische, S. 99

Damit ist die göttliche Essenz oder Wesenheit im Individuum gemeint, die in die Manifestation herunterkommt und die Evolution des Individuums in seiner Entwicklung zu einem voll bewussten Wesen unterstützt. Seine Präsenz wird im Menschen durch vielfältige Erfahrungen von Leben zu Leben stärker, tönt intensiver durch seine Person hindurch (personare = hindurch tönen). Bei dem einen Menschen stehen Körper, Vital und Mental bereits unter dem Einfluss des psychischen Wesens, bei dem anderen noch nicht (so dass die verschiedenen Kräfte sich selbstständig machen und unbewusst einwirken).

Madhav P. Pandit, ein Schüler Sri Aurobindos und der Mutter, sagt darüber: „Wenn wir im Zustand eines psychischen Einflusses, einer psychischen Führung, einer psychischen Atmosphäre sind, ist da ein seltsames Gefühl von Frieden, Sanftheit, Harmonie, Süße und die Gewissheit, dass es eine psychische Bewegung ist. Alles geschieht auf natürliche Weise, ohne Zwang oder Gewalt; Denken und Herz sind ruhig, ohne Aufdringlichkeit. Da ist kein böser Wille, kein Ärger, keine Feindseligkeit, nicht einmal gegenüber einem Feind in diesem Moment. Ohne eine besondere Ursache ist da eine innere Bewegung stiller Freude und überirdischen Glücks, die einen durchströmt, sei es für einen Moment, sei es für eine längere Zeit." (aus Madav P. Pandit, *The Dynamics of Yoga*)

Purusha, S. 9

Purusha ist das Sanskritwort für das Selbst, das absolute, reine Bewusstsein, den unbeteiligten inneren Zeugen, Beobachter in uns, den Geber der Zustimmung (oder Nicht-Zustimmung) für das Wirken unserer Natur (unserer physischen, vitalen und mentalen Vorgänge), in Sanskrit Prakriti genannt. Im Yoga übt man, den inneren Beobachter (Purusha) in sich immer mehr wahrzunehmen. Purusha muss schließlich Meisterschaft über das Wirken unserer Natur (Prakriti) gewinnen und nur jene Vorgänge (Regungen, Bewegungen, Aktivitäten) zulassen, welche für die integrale Vervollkommnung unseres Wesens förderlich sind. Purusha und Prakriti sind gleichzeitig auch Urprinzipien des Kosmos. Auf einer höheren Stufe spricht man von Ishvara und Shakti. Siehe auch unter *Shakti*.

Quantenphysik/ Quantenphysiker, S. 10, 16, 53, 54, 76
Auf der fünften Solvay-Konferenz (im Jahr 1927 in Brüssel) besprachen 29 Physiker und Chemiker (17 von ihnen besaßen oder bekamen später den Nobelpreis) das Verhalten der Elektronen und Photonen und diskutierten (unter anderem) über die „Wellenmechanik" von Erwin Schrödinger und Louis de Broglie, über die „statistische Interpretation der Wellenfunktion" von Max Born, das „Komplementaritäts-Prinzip" von Niels Bohr, die „Unbestimmtheits- oder Unschärfe-Relation" von Werner Heisenberg. Diese Theorien bringen alle zum Ausdruck, dass die Materie Wellencharakter hat, und diese damals ganz neue wissenschaftliche Erkenntnis bildet seither die Grundlage der Quantenphysik (auch Quantenmechanik genannt).

Samadhi, S. 17, 62
Sanskritwort für Versenkung, Sammlung, Einswerdung – ein Bewusstseinszustand, der über Wachsein, Träumen und Tiefschlaf hinausgeht, in dem das diskursive Denken aufhört und man mit dem Überbewusstsein verbunden ist.

Sat-Chit-Ananda / Sein-Bewusstsein-Seligkeit, S. 88
wird im Vedanta als ein Ausdruck für die untrennbare Ganzheit des Alls, bzw. des Göttlichen gesehen: In allem *Sein* ist auch *Bewusstsein*, in allem *Bewusstsein* ist auch *Seligkeit*. Sri Aurobindo schreibt: „*Sat-Chit-Ananda* ist das *Eine* [the *One*] in dreifachem Aspekt (Sanskrit: *tridhâtu*). Im Höchsten sind die drei nicht drei, sondern eines; Sein ist Bewusstsein, Bewusstsein ist Seligkeit, und so sind sie untrennbar."

Satori, S. 154
ist ein japanisches Wort aus dem Zen-Buddhismus, das die Erfahrung der Erleuchtung bezeichnet, die Erfahrung, bzw. intuitive Erkenntnis vom universellen Urgrund des Seins.

Savitri, S. 67

ist eine alte vedische Legende aus dem Mahabharata, deren tiefe Symbolik Sri Aurobindo erkannte, und die er in 24000 Versen neu ausdrückte. Savitri ist die höchste göttliche Wahrheit, die auf die Erde herabkommt und geboren wird, um Unwissenheit und Tod zu besiegen. Satyavan, ihr Gemahl, symbolisiert die menschliche Seele, welche in der Gewalt von Tod und Unwissenheit lebt, die aber durch Savitris aufopfernde Liebe schließlich daraus befreit werden kann. Alle Geschehnisse symbolisieren Bewusstseinsvorgänge, die in jedem von uns stattfinden können. Sri Aurobindo drückt in *Savitri* seine eigenen spirituellen Erfahrungen aus (und diejenigen der Mutter).

Shakti, S. 87

Shakti ist das Sanskritwort für Energie, dynamische Kraft, kreatives Prinzip (in Indien auch „göttliche Mutter" genannt). Ishwara ist das Sanskritwort für reines, göttliches Bewusstsein, das Höchste (the Supreme), das Absolute. Shakti und Ishwara bilden die beiden Urprinzipien des Universums, sind zwei Pole des Einen Göttlichen, ergänzen sich und bedingen einander. Deshalb werden in Indien die Gottheiten stets komplementär, im Symbol von Mann und Frau dargestellt.

Auch im Menschen gibt es diese zwei polaren Prinzipien, in Sanskrit Prakriti und Purusha genannt: Prakriti ist die wirkende Natur in uns (unsere physischen, vitalen und mentalen Aktivitäten), Purusha ist das Selbst, der stille Zeuge in uns. Siehe auch unter *Purusha*

Subtil-Physisches S. 22, 54, 79

ist größer, weiter, transparenter als unser materieller Körper und gehört zum subliminalen Bewusstsein, einem hinter dem vordergründigen Mental, Vital und grobstofflichen Körper wirkenden Bewusstsein, das, wie Sri Aurobindo in seinen Werken betont, nicht mit dem „Unterbewussten" zu verwechseln ist; es ist nicht ein unteres (weniger bewusstes), sondern ein „dahinterliegendes" Bewusstsein, das größer und weiter ist als unser vordergründiges Wesen. Das innere mentale, vitale und subtil-physische Bewusstsein steht mit dem universalen Mental, Vital und der Materie (und den entsprechenden kosmischen Kräften) in direkter Verbindung und ermöglicht uns ein direktes Wissen, ein „In-Resonanz-stehen" mit ihnen. Siehe dazu auch A. S. Dalal, *Sri Aurobindo and the Future Psychology*, Kapitel 8: „Sri Aurobindo on the Subliminal".

Supramentales Bewusstsein, S. 9, 18, 23
ein von Sri Aurobindo wahrgenommenes, in der Evolution der Menschheit sich jetzt neu manifestierendes Bewusstsein, das über die bisher dominante mental-rationale Bewusstseinsstufe hinaus-führt. Sri Aurobindo nennt es auch Wahrheitsbewusstsein; der Kulturphilosoph Jean Gebser nennt es integrales Bewusstsein.
Siehe dazu auch Bewusstsein / Bewusstseinsstufen.

Vedanta, S. 14
heißt wörtlich „Ende des Wissens" (Veda = Wissen, anta = Ende). Es bedeutet, über das gelernte, mentale Wissen der scheinbaren, illusio-nären Welt hinauszugehen, und das Absolute, die Einheit des Seins (Brahman) direkt wahrzunehmen, es als sein wahres, unendliches Wesen zu erfahren.

Vedische Epoche, S 88
ist in Indien die Epoche, in der die Rishis (Seher) ihre Offenbarungen empfangen und überliefert haben. Die vedischen Schriften entstan-den nach Ansicht der westlichen Orientalisten zwischen 1500 und 800 v. Chr., nach indischer Auffassung aber weit früher; schon 3227 v. Chr. soll Vyasa sein inneres Wissen niedergeschrieben haben, und bereits Jahrtausende früher wurde es mündlich an auserwählte Schüler weitergegeben. Die vedische Epoche und die alt-ägyptische Epoche umfassen in etwa die gleichen Zeiträume.

Vishnu-Schritte, S. 54
Im Rig-Veda (1.154) heißt es, dass Vishnu (der Alles-Durchdringende und -Erhaltende) mit drei Schritten die Bewusstseinswelten durch-misst: mit dem ersten Schritt die Erde (die materielle und vitale Welt), mit dem zweiten Schritt den Himmel (die mehrstufigen Ebe-nen des Denkens, der Intuition und Inspiration), mit dem dritten Schritt das Sat-Chit-Ananda (Sein-Bewusstsein-Seligkeit), das, was

die Erde und den Himmel transzendiert, ihnen aber doch immanent ist – die Quelle höchster Wonne. Siehe dazu Sri Aurobindo, *Das Geheimnis des Veda*, Kapitel XII, „Vishnu, die alles durchdringende Gottheit", S. 331. Siehe dazu auch Medhananda *Die Pyramiden und die Sphinx*, Kapitel „Der dritte Schritt", S. 101

Vishvamitra S. 41
war ein Rishi (Seher, Weiser) im alten Indien. Er gilt als Autor einiger Hymnen des Rigveda, darunter auch des Gayatri-Mantras. In der poetischen Darstellung Vishvamitras von Medhananda schimmern eigene Erfahrungen durch, siehe seine Aufzeichnungen im Buch *An den Ufern der Unendlichkeit*.

Wahren Namen in den Baum der Ewigkeit schreiben, S. 53
Medhananda erläutert das ägyptische Bild in *Der Weg des Horus*, S. 228

Yugas S. 44, Sanskritwort für Zeitalter, siehe *Goldenes Zeitalter*

Zeit, bewegt sich sowohl vorwärts als auch rückwärts S. 110
In seinem Vortrag *Atomphysik und Kausalgesetz* führt der Physiker Werner Heisenberg (1901-1976) aus: „... dass in ganz kleinen Raum-Zeit-Bereichen, also in Bereichen von der Größenordnung der Elementarteilchen, Raum und Zeit in einer eigentümlichen Weise verwischt sind, nämlich derart, dass man in so kleinen Zeiten selbst die Begriffe früher oder später nicht mehr richtig definieren kann. Im Großen würde sich an der Raum-Zeit-Struktur natürlich nichts ändern können, aber man müsste mit der Möglichkeit rechnen, dass Experimente über die Vorgänge in ganz kleinen Raum-Zeit-Bereichen zeigen werden, dass gewisse Prozesse scheinbar umgekehrt ablaufen, als es ihrer Kausalen Reihenfolge entspricht."
Der Physiker Pascual Jordan (1902-1980) schrieb in *New Trends in Physics*:
„... als ein Ergebnis der Quantentheorie und der Mesonenforschung

[Mesonen sind instabile Elementarteilchen] haben wir beispielsweise etwas Neues über Zeit und Kausalität gelernt. Gelegentlich
wird unter dem Beschuss mit sehr schnellen Elementarteilchen bei
oder in einer Atomkernexplosion der übliche Ablauf der Ereignisse
umgekehrt: Die Explosion ereignet sich zuerst, dann folgt ihre Ursache. Das ist von außerordentlicher Bedeutung für die Psychologie
und die Parapsychologie, weil derartige Umkehrungen der Aufeinanderfolge von Ursache und Wirkung als logisch möglich und als
philosophisch gültig nachgewiesen wurden."

Zeitfreiheit S. 111
Im heutigen mental-rationalen Bewusstsein wird die Zeit nur als
Uhrenzeit, als teilendes Prinzip, gehandhabt. Zeit ist aber ein Grund-
phänomen des Universums. So wie Sri Aurobindo erkennt auch der
Kulturphilosoph Jean Gebser, dass die Bewusstseins-Entwicklung
der Menschheit von der *Zeitlosigkeit*, zur *Zeithaftigkeit* (in der die
Uhrenzeit alles teilt) führte, und dass wir nun – auf der Schwelle
zu einem neuen Bewusstsein – die *Zeitfreiheit* erobern müssen. Das
bedeutet, alle Aspekte, Qualitäten, Intensitäten der Zeit in uns wahrzunehmen und über diese frei verfügen zu können. Dies sind zum
Beispiel: Naturzeit, biologische Zeitdauer; Rhythmen, Metrik; vitale
Dynamik; psychische Energie; die Zeit als das Schöpferische … Jean
Gebser erläutert diese verschiedenen Zeitphänomene ausführlich in
seinem Hauptwerk *Ursprung und Gegenwart*, Sri Aurobindo schreibt
darüber in *Die Synthese des Yoga*, Kapitel „Auf dem Weg zur supramentalen Zeitschau".

Biographie

Medhananda ist der spirituelle Name, den Mirra Alfassa (im Sri Aurobindo Ashram „Die Mutter" genannt) einem ihrer Schüler gegeben hat – dem in Deutschland geborenen Fritz Winkelstroeter (1908-1994), der seine Schulzeit in Pforzheim verbrachte und, neben Englisch und Französisch, schon früh Latein und Griechisch lernte. Trotz seines regen Interesses an den antiken Kulturen, ihren Symbolen und ihrer Spiritualität studierte er, wie sein Vater (ein wohlhabender Ingenieur und Industrieller) es wünschte, in München, Heidel-  berg und Paris Rechtswissenschaft. Während dieser Jahre hatte er das Glück, von dem hervorragenden Gelehrten Richard Wilhelm – der das „I Ging", das „Tao Te Ging" und viele andere antike Texte aus dem klassischen Chinesisch übersetzte – unterrichtet und in die chinesische Kultur und Denkart eingeführt zu werden.

Medhananda hatte bereits eine vielversprechende Laufbahn als Jurist vor sich, nahm aber wahr, dass in Europa ein großer Krieg ausbrechen würde und verließ daher 1934 mit seiner französischen Frau Deutschland. Sie wanderten nach Tahiti in Französisch-Polynesien aus, siedelten sich auf der Nachbarinsel Moorea an, wo sie 200 Hektar Urwald kauften, ein kleines Haus bauten und sich zum Anbau von Vanille und Kaffee als Farmer niederließen. Ihre drei Kinder wuchsen in dieser paradiesischen Umgebung auf.

In der unberührten Stille des dortigen Urwalds begann Medhananda, die verschiedenen Bewusstseinsstrukturen, die seinem Selbstgewahrsein zugänglich waren, zu erkunden.

Es bot sich ihm auch reichlich Gelegenheit, die vorchristliche Kultur, die uralte Gnosis Polynesiens zu erforschen und mit deren magisch-mythischen Symbolen in Berührung zu kommen.

Während des Zweiten Weltkrieges wurde er (ein Deutscher) nahe Tahiti als potenziell feindlicher Ausländer von Französisch-Polynesien fünf Jahre lang interniert.

Nach seiner Entlassung 1946 stieß er auf die Schriften des indischen Yogis, Dichters und Philosophen Sri Aurobindo. Tief beeindruckt, schrieb er Sri Aurobindo und wurde von ihm als Schüler angenommen. Während der oft wochenlangen Aufenthalte auf der einsamen polynesischen Insel Mehetia wurden ihm tiefe spirituelle Erfahrungen zuteil.

1952 ging er nach Indien in den Sri Aurobindo Ashram in Pondicherry, wo er von der ‚Mutter' (Mirra Alfassa) den Auftrag erhielt, die Sri Aurobindo Bibliothek zu betreuen und am *Sri Aurobindo International Centre of Education* mitzuwirken. Dort lehrte er während vieler Jahre vergleichende Religionsgeschichte, wozu er bestens qualifiziert war durch sein lebenslanges Erforschen der spirituellen Kulturen verschiedenster Kontinente und Zeitepochen – und auch durch seine eigenen spirituellen Erfahrungen.

1965 wurde er Herausgeber der Vierteljahreszeitschrift *Equals One*, für die er (auch unter verschiedenen Pseudonymen) zahlreiche Beiträge verfasste.

1977 lebte er ein Jahr lang in *Auroville* (nahe Pondicherry) mit seiner langjährigen Mitarbeiterin Yvonne Artaud und ihren Makaken-Affen.

1978 zogen sie von dort mit den Tieren nach Reddiarpalayam (einem Vorort von Pondicherry), wo sie in einem großen mit Kokospalmen und alten Mangobäumen bewachsenen Garten das Identity Research Institute gründeten, ein Forschungsinstitut für fundamentale Psychologie.

Das eigentliche Lebenswerk galt nach langjährigen Studien und einer Studienreise der Erforschung der Bilder, Hieroglyphen und Symbole des alten Ägypten. So wie sein Lehrer Sri Aurobindo in den Aussagen der Veden (der altindischen spirituellen Texte) eine psychologische Symbolsprache entdeckte, die tiefes inneres Wissen enthält (siehe dazu: Sri Aurobindo, *Das Geheimnis des Veda*), entdeckte Medhananda in den alten ägyptischen Hieroglyphentexten und Bildern – mit dem gleichen psychologischen Ansatz und Schlüssel – Botschaften der Selbsterkenntnis.

Medhananda – durch seine Herkunft und klassisch-humanistische Erziehung in der westlichen Kultur heimisch, durch seine in Polynesien verbrachten Jahre mit der dortigen zum Teil noch steinzeitlichen Kultur vertraut, durch seinen langen Aufenthalt in Indien mit der östlichen spirituellen Kultur verbunden und dazu durch seine Studien und Forschungen ein profunder Kenner der ägyptischen Kultur – fand nicht nur im alten Ägypten, sondern auch in den Bildern, Mythen und Märchen vieler anderer alten Kulturen Botschaften psychischer Erfahrungen, die in Symbolen ausgedrückt wurden. Uns diese alte Symbolsprache wieder verständlich und zugänglich zu machen, so dass wir dadurch uns selbst besser wahrnehmen und unsere vielen Seelenkräfte entfalten können, das war sein Anliegen.

Yvonne Artaud

Medhanandas langjährige Mitarbeiterin und Partnerin, 1924-2009, in Lyon, Frankreich geboren, arbeitete als Zahnärztin für Kinder in Paris, bevor sie 1952 dem Sri Aurobindo Ashram in Südindien beitrat. Ihre Aspiration war es, durch den integralen Yoga Sri Aurobindos ihr Bewusstsein zu vertiefen, zu intensivieren. Sie unterrichtete in der Ashram Schule (dem Sri Aurobindo International Centre of Education) und wirkte als vielfältige Künstlerin: Sie malte, schrieb Gedichte und Bühnenstücke.

Von 1963 an befasste sie sich intensiv mit der Psychologie und der Bewusstseinsentwicklung von Vorschulkindern und auch derjenigen der Primaten Süd-Indiens. Zahlreiche Artikel und Studien zum Thema Tierpsychologie und Kinder-Früherziehung (auch vorgeburtliche Erziehung) wurden von ihr verfasst. Sie kreierte vielfältige Materialen, Erziehungs- und Bewusstseinsspiele – darunter auch die Aurograms, Symbolkarten zur Förderung der Ausdrucksmöglichkeiten des Kindes, das auf diese Weise sein Innerstes und seine Sicht der Welt spielerisch kommunizieren kann. Ihre weiteren Symbolspiele „Der Weg des Helden Herakles" und „Das große Haus" erwiesen sich in der Praxis als große Hilfe für die Förderung einer holistischen Entfaltung und Entwicklung des Kindes. Yvonne Artaud war Mitautorin von Medhanandas Zeitschrift *Equals One*, und auch von seinen fünf Büchern über alt-ägyptische Symbolbilder.

Weitere Bücher von Medhananda

DER WEG DES HORUS
Bilder des inneren Weges im alten Ägypten

ARCHETYPEN DER BEFREIUNG
Psychodynamik im alten Ägypten

DIE PYRAMIDEN UND DIE SPHINX
Wie die alten Ägypter sie in ihren
Hieroglyphen-Inschriften sahen

DIE KÖNIGLICHE ELLE
Selbstfindung im alten Ägypten

DAS ALT-ÄGYPTISCHE SENET-SPIEL
Das Spiel der Archetypen

AN DEN UFERN DER UNENDLICHKEIT
Medhananda erzählt aus seinem Leben

VERBORGENE WEISHEIT
in der Symbolsprache alter Mythen,
Märchen, ägyptischer Bilder
und im Thomas-Evangelium

DER GARTEN DES MENSCHEN
und andere Symbole zur Selbstentdeckung

DEINE VIELEN SEELENKRÄFTE
im Spiegel der Märchen erkennen
Band 1 und Band 2

FLAMMENWORTE
28 Gedichte in englischer Originalfassung und deutscher
Übersetzung von Medhananda und Agnidhan

DAS UNENDLICHKEITSSPIEL
ein Meditationsspiel (mit 64 Karten)

Siehe auch: www.medhananda.com
www.liberating-symbols-publishing.com